和谐校园文化建设读本

中国

谋略家箴言录

ZHONGGUO MOULUEJIA ZHENYANLU

王　龙/编写 ···

吉林教育出版社

图书在版编目（CIP）数据

中国谋略家箴言录 / 王龙编写. — 长春 ：吉林教育出版社，2012.6（2022.10重印）
（和谐校园文化建设读本）
ISBN 978 - 7 - 5383 - 8770 - 4

Ⅰ．①中… Ⅱ．①王… Ⅲ．①谋略—箴言—中国—青年读物②谋略—箴言—中国—少年读物 Ⅳ．①C934 - 49

中国版本图书馆 CIP 数据核字（2012）第 116126 号

中国谋略家箴言录

ZHONGGUO MOULÜE JIA ZHENYAN LU　　　　　　　　王　龙　编写

策划编辑	刘 军　　潘宏竹		
责任编辑	尹曾花	**装帧设计**	王洪义
出版	吉林教育出版社（长春市同志街 1991 号　邮编 130021）		
发行	吉林教育出版社		
印刷	北京一鑫印务有限责任公司		
开本	710 毫米×1000 毫米　1/16　　**印张** 13　　**字数** 165 千字		
版次	2012 年 6 月第 1 版　　**印次** 2022 年 10 月第 3 次印刷		
书号	ISBN 978 - 7 - 5383 - 8770 - 4		
定价	39.80 元		

编　委　会

主　　编：王世斌

执行主编：王保华

编委会成员：尹英俊　尹曾花　付晓霞
　　　　　　刘　军　刘桂琴　刘　静
　　　　　　张　瑜　庞　博　姜　磊
　　　　　　潘宏竹
　　　　　　（按姓氏笔画排序）

总　序

千秋基业，教育为本；源浚流畅，本固枝荣。

什么是校园文化？所谓"文化"是人类所创造的精神财富的总和，如文学、艺术、教育、科学等。而"校园文化"是人类所创造的一切精神财富在校园中的集中体现。"和谐校园文化建设"，贵在和谐，重在建设。

建设和谐的校园文化，就是要改变僵化死板的教学模式，要引导学生走出教室，走进自然，了解社会，感悟人生，逐步读懂人生、自然、社会这三本大书。

深化教育改革，加快教育发展，构建和谐校园文化，"路漫漫其修远兮"，奋斗正未有穷期。和谐校园文化建设的研究课题重大，意义重要，内涵丰富，是教育工作的一个永恒主题。和谐校园文化建设的实施方向正确，重点突出，是教育思想的根本转变和教育运行机制的全面更新。

我们出版的这套《和谐校园文化建设读本》，既有理论上的阐释，又有实践中的总结；既有学科领域的有益探索，又有教学管理方面的经验提炼；既有声情并茂的童年感悟；又有惟妙惟肖的机智幽默；既有古代哲人的至理名言，又有现代大师的谆谆教诲；既有自然科学各个领域的有趣知识；又有社会科学各个方面的启迪与感悟。笔触所及，涵盖了家庭教育、学校教育和社会教育的各个侧面以及教育教学工作的各个环节，全书立意深邃，观念新异，内容翔实，切合实际。

我们深信：广大中小学师生经过不平凡的奋斗历程，必将沐浴着时代的春风，吸吮着改革的甘露，认真地总结过去，正确地审视现在，科学地规划未来，以崭新的姿态向和谐校园文化建设的更高目标迈进。

让和谐校园文化之花灿然怒放！

本书编委会

目 录

第一章　谋略篇

第一节　智　谋

谋者，所以违害就利。

——吴　起　《吴子·图国》

谋之不远，是用大简。人我迭居，吉凶环转。老成借筹，宁深毋浅。

——冯梦龙　《智囊·上智部·远犹卷二》

夫财之所生，必因人力。工而能勤则丰富，拙而兼惰则窭空。

——陆　贽　《陆宣公奏议全集·卷四》

愚遇智，智胜；智遇尤智，尤智胜。故或不战而胜，或百战百胜，或正胜，或谲胜，或出新意而胜，或仿古兵法而胜。天异时，地异利，敌异情，我亦异势。用势者，因之以取胜焉。……岳忠武曰："运用之妙，存乎一心。"武案，则运用之迹也。儒者不言兵，然儒者政不可与言兵。儒者之言兵恶诈，智者之言兵政恐不能诈。夫惟能诈者能战，能战者，斯能为不战者乎？

——冯梦龙　《智囊·兵智部总叙》

形逊声，策绌力。胜于庙堂，不于疆场；胜于疆场，不于矢石。庶可方行天下而无敌。

——冯梦龙　《智囊·兵智部不战卷二十一》

自有宇宙以来，只争明暗二字。混沌暗而开辟明，乱世暗而治朝明，小人暗而君子明。水不明则腐，镜不明则锢，人不明则堕于云雾。……故夫暗者之未然，皆明者之已事；暗者之梦景，皆明者之醒心；暗者之歧途，皆明者之定局。由是可以知人之所不能知，而断人之所不能断。害以之避，利以之集，名以之成，事以之立，明之不可已也如是。而其目为"知微"，为"亿中"，为"剖疑"，为"经务"。吁！明至于能经务也，斯无恶于智矣！

——冯梦龙　《智囊·明智部总序》

镜物之情，揆事之本。福始祸先，验不回瞬。藏钩射覆，莫予能隐。

——冯梦龙　《智囊·明智部亿中卷六》

子不见夫凿井者乎？冬裸而夏裘，绳以入，畚以出，其平地获泉者，智也。若夫土穷而石见，则变也。有种也衡者，屑石出泉，润及万家。是故愚人见石，智者见泉，变能穷智，智复不穷于变。

——冯梦龙　《智囊·自叙》

圣人千虑，必有一失；愚人千虑，必有一得。

——晏　婴　《晏子春秋·景公以晏子食不足致千金

而晏子固不受第十八》

为者常成，行者常至。

——晏　婴　《晏子春秋·梁丘据自患不及晏子晏子

勉据以常为常行第二十七》

知莫大乎弃疑，行莫大乎无过，事莫大乎无悔。

——荀　子　《荀子·议兵》

虑必先事而申之以敬，慎重如始，终始如一。夫是之谓大吉。凡百事之成也必在敬之，其败也必在慢之。故敬胜怠则吉，怠胜敬则灭；计胜欲则从，欲胜计则凶。

——荀　子　《荀子·议兵》

故物丰者民衍，宅近市者家富。富在术数，不在劳身；利在势居，不在力耕也。

——桑弘羊　《盐铁论·通有篇》

故乃商贾之富，或累万金，追利乘羡之所致也。富国何必用本农，足民何必井田也。

——桑弘羊　《盐铁论·力耕篇》

尧趋禹步，父传师导。三人言虎，逾垣叫跳。亦念非仪，虞其我暴。诞信递君，正奇争效。嗤彼迂儒，漫云立教。

——冯梦龙　《智囊·术智部权奇卷十八》

智何以名杂也？以其黠而狡，慧而小也。正智无取于狡，而正智或反为狡者困；大智无取于小，而大智或反为小者欺。破其狡，则正者胜矣；识其小，则大者又胜矣。况狡而归之于正，未始非正小而充之于大，未始不大乎一饬也。夷以娱老，跖以脂户。是故狡可正，而正可狡也。一不龟手也，或以战胜封，或不免于洴澼绕。是故大可小，而小可大也。

——冯梦龙　《智囊·杂智部总序》

杂智具而天下无余智矣。难之者曰："大智若愚，是不有余智乎？"吾应之曰："正惟无余智，乃可以有余智。太山而却撮土，河海而辞涓流，则亦不成其为太山河海矣。鸡鸣狗盗卒免孟尝，为薛上客，顾用之何如耳。吾又安知古人之所谓正且大者，不反为不善用智者之贼乎？是故……得其智，化其杂也可；略其杂，采其智也可。"

——冯梦龙　《智囊·杂智部总叙》

英雄欺人，盗亦有道。智日以深，奸日以老。象物为备，禹鼎在兹。庶几不若，莫或逢之。

——冯梦龙　《智囊·杂智部狡黠卷二十七》

虎之力，于人不啻倍也。虎利其爪牙，而人无之，又倍其力焉。则人之食于虎也，无怪矣。然虎之食人不恒见，而虎之皮人常寝处之。何哉？虎用力，人用智；虎自用其爪牙，而人用物。故力之用一，而智之用百。爪牙之用各一，而物之用百，以一敌百，虽猛不必胜。故人之为虎食者，有智与物而不能用者也。是故天下之用力而不用智，与自用而不用人者，皆虎之类也。其为人获而寝处其皮也何足怪哉。

——刘基　《虎之力》

威在于不变，惠在于因时，机在于应事，战在于治气，攻在于意表，守在于外饰，无过在于度数，无困在于豫备，慎在于畏小，智在于治大，除害在于敢断，得众在于下人，悔在于任疑，孽在于屠戮，偏在于多私，不祥在于恶闻己过，不度在于竭民财，不明在于受间，不实在于轻发，固陋在于离贤，祸在于好利，害在于亲小人，亡在于无所守，危在于无号令。

——尉缭子　《尉缭子·十二陵》

危峦前厄，洪波后沸。人皆棘手，我独掉臂。动于万全，出于不意。游刃有余，庖丁之技。

——冯梦龙　《智囊·上智部迎刃卷四》

错不死于智，死于愚。方其坐而谈兵，人主动色，迨七国事起，乃欲使天子将而己居守。一为不智，谗兴身灭。虽然，错愚于卫身，而智于筹国，故身死数千年，人犹痛之，列于名臣。晚近斗筲之流，卫身偏智，筹国偏愚，以此较彼，谁妍谁媸？

——冯梦龙　《智囊·自叙》

不是矫情镇物，真是透顶光明，故曰智量。智不足，量不大。

——冯梦龙　《智囊·上智部通简卷三》

夫可信而不信，不可信而信，此愚者之患也。……故败莫大于愚。

——吕不韦 《吕氏春秋·士容》

或劳心，或劳力；劳心者治人，劳力者治于人；治于人者食人，治人者食于人，天下之通义也。

——孟 子 《孟子·滕文公章句上》

所谓明者，无所不见，则群臣不敢为奸，百姓不敢为非，是以人主处匡床之上，听丝竹之声，而天下治。

——商 鞅 《商君书·画策》

达于理者，必明于权，曰以恬养智。

——冯梦龙 《智囊·自叙》

智者事易，而不智者事难。以此观之，亡不可以为存，而危不可以为安，然而无为而贵智矣。

——鬼谷子 《鬼谷子·谋篇第十》

心有所至而神喟然在之，反之于虚，则萧条灭没，犹镜水受形，不设知故，而方圆曲直自生，故是贵耳。

——冯梦龙 《智囊·自叙》

人有智犹地有水，地无水为焦土，人无智为行尸。智用于人，犹水行于地，地势坳则水满之，人事坳则智满之。

——冯梦龙 《智囊·自叙》

多能者鲜精，多虑者鲜决，故志不一则犹，则散，散则溃，溃然罔知其所定。是故明生于一。

——刘伯温　《诚意伯文集·郁离子·省敌》

事多似倒而顺，多似顺而倒。有知顺之为倒，倒之为顺者，则可与言化矣。至长反短，至短反长，天之道也。

——吕不韦　《吕氏春秋·似顺》

（文王曰：主明如何？）太公曰：目贵明，耳贵聪，心贵智。以天下之目视，则无不见也；以天下之耳听，则无不闻也；以天下之心虑，则无不知也。辐辏并进，则明不蔽矣。

——吕　尚　《六韬·文韬·大礼》

吾品智非品人也，不惟其人惟其事，不惟其事惟其智。虽奸猾盗贼，谁非吾药笼中硝、戟？吾一以为蛛网，而推之可渔；一以于蚕茧，而推之同室。譬之谷王，众水同舟，岂其择流而受？

——冯梦龙　《智囊·自叙》

智无常局，以恰肖其局者为上。故愚夫或现其一得，而晓人反失诸千虑。何则？上智无心而合，非千虑所臻也。人取小，我取大；人视近，我视远。人动而愈纷，我静而自正；人束手无策，我游刃有余。夫是故，难事遇之而皆易，巨事遇之而皆细。其斡旋入于无声臭之微，而其举动出人意想思索之外。或先忤而后合，或似逆而实顺。方其闲闲，豪杰所疑；迄乎断断，圣人不易。呜呼！智若此，岂非上哉！上智不可学，意者法上而得中乎？抑语云："下下人有上上智。"

——冯梦龙　《智囊·上智部总叙》

善与而不静，虚心平意，以待倾损。

——鬼谷子　《鬼谷子·符言第十二》

正则静，静则清明，清明则虚，虚则无为而无不为也。

——吕不韦　《吕氏春秋·有度》

主不可怒而兴师，将不可愠而致战。

——孙　武　《孙子·火攻》

世本无事，庸人自扰。惟通则简，冰消日皎。

——冯梦龙　《智囊·上智部通简卷三》

夫人事必将与天地相参，然后乃可以成功。

——范　蠡　《国语·越语》

学医废人，学将废兵，匪学无获，学之贵精。鉴彼覆车，藉其前
旌。青山绿水，画本分明。

——冯梦龙　《智囊·兵智部武案卷二十四》

山经之蹊，间介然用之而成路；为间不用，则茅塞之矣。

——孟　子　《孟子·尽心章句下》

政如圣药王，尘垢土木，皆入药料。

——冯梦龙　《智囊·术智部投奇卷十八》

夫人虽禀定性，必须博学以成其道，亦犹蜃性含水，待月光而水

垂；木性怀火，待燧动而焰发；人性含灵，待学成而为美。是以苏秦刺股，董生垂惟。不勤道艺，则其名不立。

——吴　兢　《贞观政要·崇儒学》

知人者智，自知者明，智从明生，明能生智，故欲知人必须自知。

——鬼谷子　《鬼谷子·反应第二》

顺性则聪明寿长，平静则业进乐乡，督听则奸塞不皇。

——吕不韦　《吕氏春秋·先己》

故人以度审长短，以量受少多，以衡平轻重，以律均清浊，以名稽虚实，以法定治乱，以简治烦惑，以易御险难。

——尹文子　《尹文子·大道上》

夜半行窃，僻巷杀人，愚俗之行，非谋士之所为也。

——《三十六计·胜战计·瞒天过海》按

第二节　权　谋

权衡既陈，轻重自分，然后为之，度数以制其轻重，轻重因得所而为设谋虑，使之道行也。

——鬼谷子　《鬼谷子·捭阖第一》

事之危也，圣人知之，独保其用，因化说事，通达计谋，以识细微。

——鬼谷子　《鬼谷子·内揵第三》

权谓权谋，能谓材能，伎巧谓百工之役言。

——鬼谷子 《鬼谷子·捭阖第一》

计谋虽离合不同，但能有所执守，则先从其志以尽之，以知成败之归也。

——鬼谷子 《鬼谷子·捭阖第一》

捭之者，料其情也，阖之者，结其诚也。

——鬼谷子 《鬼谷子·捭阖第一》

道不足以治则用法，法不足以治则用术，术不足以治则用权，权不足以治则用势。势用则反权，权用则反术，术用则反法，法用则反道，道用则无为而自治。故穷则缴终，微终则反始，始终相袭，无穷极也。

——尹文子 《尹文子·大道上》

凡度权量能所以征远来近。立势而制事，必先察同异别是非之语，见内外之辞，知有无之数，决安危之计，定亲疏之事。

——鬼谷子 《鬼谷子·飞箝第五》

天下之情必见于权也，善修量权，其情可得而知之。知其情而用之者，何适而不可哉。

——鬼谷子 《鬼谷子·飞箝第五》

形而上者，谓之圣人，故危兆才形，朗然先觉，既明且哲，故独保其用也。因化说事，随机逞术，通达计谋，以经纬识危而预防之也。

——鬼谷子 《鬼谷子·内揵第三》

世无可抵则深隐而待时，时有可抵而为之；谋可以上合，可以检下。

——鬼谷子 《鬼谷子·内揵第三》

是以君子为国，观之上古，验之当世，参之人事，察盛衰之理，审权势之宜，去就有序，变化因时，故旷日长久而社稷安矣。

——贾　谊 《贾谊集·过秦下》

第三节　决　断

凡任天下事，皆胆也，其济，则智也。知水溺，故不陷，知火灼，故不犯。其不陷不犯，非无胆也，智也。若自信入水必不陷，入火必不灼，何惮而不入耶？智藏于心，心君而胆臣。君令则臣随，令而不往，与夫不令而横逞者，其君弱。故胆不足，则以智炼之，胆有余，则以智裁之。智能生胆，胆不能生智。刚之克也，勇之断也，智也。

——冯梦龙 《智囊·胆智部总序》

智生识，识生断。当断不断，反受其乱。

——冯梦龙 《智囊·胆智部识断卷十二》

不糊涂是识，必不肯糊涂过去是断。

——冯梦龙 《智囊·胆智部识断卷十二》

成大事者，争百年，不争一息。然而一息固百年之始也。夫事变之会，如火如风。愚者犯焉，稍觉，则去而违之，至不害斯已矣。今有道于此，能返风而灭火，则虽拔木燎原，适足以试其技而不惊。尝试譬之足力，一里之程，必有先至，所争逾刻耳。累之而十里百里，则其为刻弥多矣。又况乎智之迟疾，相去不啻千万里者乎？军志有之，兵闻拙速，未闻巧之久。夫速而无巧者，必久而逾拙者也。

——冯梦龙　《智囊·捷智部总叙》

今有径尺之樽，置诸通衢，先至者得醉，继至者得尝，最后至则干唇而返矣。叶叶而摘之，穷日不能髡一树。秋风下霜，一夕零落，此言造化之捷也。人若是其捷也，其灵万变，而不穷于应卒，此惟敏悟者庶几焉。呜呼！事变之不能停而俟我也审矣，天下亦乌有智而不捷，不捷而智者哉？

——冯梦龙　《智囊·捷智部总叙》

一日百战，成败如丝。三年造车，覆于临时。去凶即吉，匪夷所思。

——冯梦龙　《智囊·捷智部灵变卷十三》

西江有水，遐不及汲。壶浆箪食，贵于拱璧。岂无永图？聊以纾急。

——冯梦龙　《智囊·捷智部应卒卷十四》

剪彩成花，青阳笑之。人工则劳，天巧自如。不卜不筮，匪虑匪思。

——冯梦龙　《智囊·捷智部敏悟卷十五》

智者，术所以生也；术者，智所以转也。不智而言术，如傀儡百变，徒资嘻笑，而无益于事。无术而言智，如御人舟子，自炫执辔如组，运楫如风，原隰关津，若在其掌，一遇羊肠大行，危滩骇浪，辄束手而呼天，其不至颠且覆者几希矣。

——冯梦龙　《智囊·术智部总叙》

蠖之缩也，蛰之伏也，麝之决脐也，蚺之示创也，术也。物智且然，而况人乎？李耳化胡，禹入裸国而解衣，孔尼猎较，散宜生行赂，仲雍断发文身，裸以为饰。不知者曰："圣贤之智，有时而殚。"知者曰："圣贤之术，无时而窘。"婉而不遂，谓之委蛇；匿而不章，谓之缪数；诡而不失，谓之权奇。不婉者，物将格之；不匿者，物将倾之；不诡者，物将厄之。呜呼！术，神矣；智，止矣。

——冯梦龙　《智囊·术智部总叙》

故动者必随，唱者必和。挠其一指，观其余次，动变见形，无能间者。

——鬼谷子　《鬼谷子·本经阴符七篇》

智略计谋各有形容，或圆或方，或阴或阳，或吉或凶，事类不同。故圣人怀此之用，转圆而求其合。

——鬼谷子　《鬼谷子·本经阴符七篇》

时断则循，智断则备，知此二者形于体，万物之情，短长逆顺，可观而矣。

——范　蠡　《越绝书·计倪内经第五》

圣人之于万事也，尽如慈母之为弱子虑也，故见必行之道。见必行之道则其从事亦不疑，不疑之谓勇。不疑生于慈，故曰："慈故能勇。"

——韩　非　《韩非子·解老》

独视者谓明，独听者谓聪。能独断者，故可以为天下主。

　　　　　　　　　　　　　——韩　非　《韩非子·外储说右上》

苍苍之天，莫知其极？帝王之君，谁为法则？往世不可及，来世不可待，求己者也。

　　　　　　　　　　　　　　　——尉缭子　《尉缭子·治本》

主贵多变，国贵少变。

　　　　　　　　　　　　　　　——商　鞅　《商君书·去强》

有勇不以怒，反与怯均也。

　　　　　　　　　　　　　　　——慎　子　《慎子·逸文》

第四节　缜　密

战不必胜，不可以言战，攻不必拔，不可以言攻。

　　　　　　　　　　　　　　　——尉缭子　《尉缭子·攻权》

《孙子》谓多算胜少算，有以知少算胜无算。

　　　　　　　　　　　　　　　——阮　逸　《唐李问对·卷上》

大凡用计者，非一计之可孤行，必有数计以勷之也。以数计勷一计，由千百计练数计，数计熟，则法生若间中者，偶也，适胜者，遇也。故善用兵者，行计务实施，运巧必防损，立谋虑中变，命将杜违制。此策阻而彼策生，一端致而数端起，前未行而后复具；百计迭出，算无遗策，虽智将强敌，可立制也。

　　　　　　　　　　　　　　　　　　　——《兵法圆机·迭》

小之胜大也，幸其不吾虞也。幸不可常胜，不可恃兵，不可玩敌，不可侮侮。小人且不可，况大国乎。

——刘伯温　《诚意伯文集·郁离子·瞽聩》

策之而知得失之计，作之而知动静之理，形之而知死生之地，角之而知有余不足之数。

——阮　逸　《唐李问对·卷中》

夫安国家之道，先戒为宝。

——吴　起　《吴子·料敌》

大凡用兵，若敌人不误，则我师安能克哉。譬如弈棋，两敌均焉，一着或失，竟莫能救。是古今胜败率由一误而已，况多失者乎。

——阮　逸　《唐李问对·卷下》

计必先定于内，然后兵出乎境。

——管　仲　《管子·七法》

长以卫短，短以救长。

——《司马法·定爵》

善用兵者，无沟垒而有耳目。

——管　仲　《管子·制分》

夫事以密成，语以泄败。

——韩　非　《韩非子·说难》

明主其务在周密，是以喜见则德偿，怒见则威分。故明主之言隔塞而不通，周密而不见。故以一得十者下道也，以十得一者上道也。

——韩　非　《韩非子·八经》

故明君贤将，所以动而胜人，成功出于众者，先知也。先知者，不可取于鬼神，不可象于事，不可验于度，必取于人，知敌之情者也。

——孙　武　《孙子·用间》

敌力不露，阴谋深沉，未可轻进，应遍探其锋。

——《三十六计·攻战计·打草惊蛇》按

第二章　为政篇

第一节　正法度

故圣人明君者，非能尽其万物也，知万物之要也。故其治国也，察要而已矣。

　　　　　　　　　　——商　鞅　《商君书·农战》

圣人治民，度于本，不从其欲，期于利民而已。

　　　　　　　　　　——韩　非　《韩非子·心度》

君子所慎者四：一曰大德不至仁，不可以授国柄；二曰见贤不能让，不可与尊位；三曰罚避亲贵，不以使主兵；四曰不好本事，不务地利，而轻赋敛，不可与都邑。此四务者，安危之本也。

　　　　　　　　　　——管　仲　《管子·立政》

善为国者，官法明，故不任知虑。

　　　　　　　　　　——商　鞅　《商君书·农战》

治民有器，为兵有数，胜敌国有理，正天下有分。

　　　　　　　　　　——管　仲　《管子·七法》

劳民者其国必无力，无力者其国必削。

——商　鞅　《商君书·农战》

所谓天子者，四焉：一曰神明，二曰垂光，三曰洪叙，四曰无敌。

——尉缭子　《尉缭子·治本》

今说者曰："百里之海，不能饮一夫，三尺之泉，足止三军渴。"臣谓欲生于无度，邪生于无禁。太上神化，其次因物，其下在于无夺民时，无损民财。夫禁必以武而成，赏必以文而成。

——尉缭子　《尉缭子·治本》

先王之所传闻者，任正去诈，存其慈顺，决无留刑。

——尉缭子　《尉缭子·战权》

夫为国之道，恃贤与民。信贤如腹心，使民如四肢，则策无遗。所适如支体相随，骨节相救，天道自然，其巧无间。

——黄石公　《三略·上略》

军国之要，察众心，施百务。危者安之，惧者欢之，叛者还之，冤者原之，诉者察之，卑者贵之，强者抑之，敌者残之，贪者丰之，欲者使之，畏者隐之，谋者近之，谗者覆之，毁者复之，反者废之，横者挫之，满者损之，归者招之，服者居之，降者脱之。

——黄石公　《三略·上略》

英雄者，国之干；庶民者，国之本，得其干，收其本，则政行而无怨。

——黄石公　《三略·上略》

明君者，非遍见万物也，明于人主之所执也。有术之主者，非一自行之也，知百官之要也。知百官之要，故事省而国治也。

——吕不韦 《吕氏春秋·知度》

凡为天下，治国家，必务本而后末。

——吕不韦 《吕氏春秋·孝行》

赏罚之柄，此上之所以使也。

——吕不韦 《吕氏春秋·义赏》

上服性命之情，则理义之士至矣，法则之用植矣，枉辟邪挠之人退矣，贪得伪诈之曹远矣。故治天下之要，存乎除奸；除奸之要，存乎治官；治官之要，存乎治道；治道之要，存乎知性命。

——吕不韦 《吕氏春秋·知度》

凡用民，太上以义，其次以赏罚。其义则不足死，赏罚则不足去就，若是而能用其民者，古今无有。民无常用也，无常不用也，唯得其道为可。

——吕不韦 《吕氏春秋·用民》

治乱安危存亡荣辱之施，非一人之力也。

——慎 子 《慎子·逸文》

为人君者不多听。据法倚数以观得失。无法之言不听于耳，无法之劳不图于功。无劳之亲不任于官，官不私亲，法不遗爱，上下无事，惟法所在。

——慎 子 《慎子·逸文》

昔先圣王之治天下也，必先公，公则天下平矣。平得于公。

——吕不韦 《吕氏春秋·贵公》

天无私覆也，地无私载也，日月无私烛也，四时无私行也。行其德而万物得遂长焉。

——吕不韦 《吕氏春秋·去私》

天下无粹白之狐，而有粹白之裘，取之众白也。夫取于众，此三皇五帝之所以大立功名也。凡君之所以立，出乎众也。……夫以众者，此君人之大宝也。

——吕不韦 《吕氏春秋·用众》

官者，事之所主，为治之本也。制者，职分四民，治之分也。贵爵富禄，必称，尊卑之体也。好善罚恶，正比法，会计民之具也。均井地，节赋敛，取予之度也。程工人，备器用，匠工之功也。分地塞要，殄怪禁淫之事也。守法稽断，臣下之节也。明法稽念，主上之操也。明主守，等轻重，臣主之权也。明赏赉，严诛责，止奸之术也。审开塞，守一道，为政之要也。下达上通，至聪之听也。

——尉缭子 《尉缭子·原官》

知国有无之数，用其仂也。知彼弱者，强之体也。知彼动者，静之决也，官分文武，惟王之二术也。游说间谍无自入，正议之术也。

——尉缭子 《尉缭子·原官》

夫谓治者，健民无私也。

——尉缭子 《尉缭子·治本》

善政执其制，使民无私，为下不敢私，则无为非者矣。反本缘理出乎一道，则欲心去，争夺止，囹圄空，野充粟多，安民怀远，外无天下之难，内无暴乱之事，治之至也。

——尉缭子　《尉缭子·治本》

政者，名法是也，以名法治国，万物所不能乱；奇者，权术是也，以权术用兵，万物所不能敌。凡能用名法权术，而矫抑残暴之情，则己无事焉，己无事则得天下矣。

——尹文子　《尹文子·大道下》

国乱有三事，年饥民散无食以聚之则乱，治国无法则乱，有法而不能用则乱。有食以聚民，有法而能行，国不治未之有也。

——尹文子　《尹文子·大道上》

凡事皆须务本，国以人为本，人以衣食为本，凡营衣食，以不失时为本。

——吴　兢　《贞观政要·务农》

朕今勤行三事，亦望史官不书吾恶。一则鉴前代成败事，以为元龟；二则进用善人，共成政道；三则斥弃群小，不听谗言。吾能守之，终不转也。

——吴　兢　《贞观政要·杜谗邪》

大盖天下，然后能容天下；信盖天下，然后能约天下；仁盖天下，然后能怀天下；恩盖天下，然后能保天下；权盖天下，然后能不失天下；事而不疑，则天运不能移，时变不能迁。此六者备，然后可以为天下政。

——吕　尚　《六韬·武韬·顺启》

治天下者其犹医乎，医切脉以知证，审证以为方。证有阴阳虚实，脉有浮沉细大，而方有汗下补泻针灼汤剂之法，参苓姜桂麻黄芒硝之药，随其人之病而施焉。当则生，不当则死矣。……天下者也故，治乱政也，纪纲脉也，道德政刑方与法也，人才药也。

——刘伯温　《诚意伯文集·郁离子·千里马》

第二节　施仁政

欲为天下者，必重其国，欲为其国者，必重用其民；欲为其民者，必重其民力。

——管　仲　《管子·权修》

夫国君好仁，天下无敌。

——孟　子　《孟子·离娄上》

凡治国之道，必先富民。民富则易治也，民贫则难治也。……故治国常富，而乱国常贫。是以善为国者，必先富民，然后治之。

——管　仲　《管子·治国》

富上而足下，此圣王之至事也。

——管　仲　《管子·小问》

王国富民，霸国富士，仅存之国富大夫，亡国富仓府。所谓上满下漏，患无所救。

——尉缭子 《尉缭子·战威》

故曰：举贤任能，不时日而事利。明法审令，不卜筮而事吉。贵功养劳，不祷祠而得福。又曰：天时不如地利，地利不如人和。圣人所贵，人事而已。

——尉缭子 《尉缭子·战威》

保民而王，莫之能御也。

——孟 子 《孟子·梁惠王上》

老吾老，以及人之老；幼吾幼，以及人之幼。天下可运于掌。

——孟 子 《孟子·梁惠王上》

老者衣帛食肉，黎民不饥不寒，然而不王者，未之有也。

——孟 子 《孟子·梁惠王上》

令王与百姓同乐，则王矣。

——孟 子 《孟子·梁惠王下》

乐民之乐者，民亦乐其乐；忧民之忧者，民亦忧其忧。乐以天下，忧以天下，然而不王者，未之有也。

——孟 子 《孟子·梁惠王下》

国人皆曰可杀，然后察之；见可杀焉，然后杀之。故曰：国人杀之也。

——孟 子 《孟子·梁惠王下》

君行仁政，斯民亲其上，死其长矣。

——孟　子　《孟子·梁惠王下》

当今之时，万乘之国行仁政，民之悦之，犹解倒悬也。故事半古之人，功必信之，惟此时为然。

——孟　子　《孟子·公孙丑上》

以不忍人之心，行不忍人之政，治天下可运之掌上。

——孟　子　《孟子·公孙丑上》

故将大有为之君，必有所不召之臣；欲有谋焉，则就之。其尊德乐道，不如是，不足与有为也。

——孟　子　《孟子·公孙丑下》

民事不可缓也。……民之为道也，有恒产者有恒心，无恒产者无恒心。苟无恒心，放辟邪侈，无不为己。及陷乎罪，然后从而刑之，是罔民也。……是故贤君必恭俭礼下，取予民有制。阳虎曰："为富不仁，为仁不富矣。"

——孟　子　《孟子·滕文公上》

君不向道，不志于仁，而求富之，是富桀也。

——孟　子　《孟子·告子下》

利一害百，民去城郭。利一害万，国乃思散。去一利百，人乃慕泽。去一利万，政乃不乱。

——黄石公　《三略·下略》

故为政者，每人而悦之，日亦不足矣。

——孟　子　《孟子·离娄下》

以善养人，然后能服天下。天下不心服而王者，未之有也。

——孟　子　《孟子·离娄下》

故声闻过情，君子耻之。

——孟　子　《孟子·离娄下》

仁言不如仁声之入人深也，善政不如善教之得民也。善政，民畏之；善教，民爱之。善政得民财，善教得民心。

——孟　子　《孟子·尽心上》

国君好仁，天下无敌焉。

——孟　子　《孟子·尽心下》

得天下有道：得其民，斯得天下矣；得其民有道；得其心，斯得民矣，得其心有道；所欲与之聚之，所恶勿施，尔也。

——孟　子　《孟子·离娄上》

故有德之君，以乐乐人；无德之君，以乐乐身。乐人者，久而长；乐身者，不久而亡。

——黄石公　《三略·下略》

凡稼穑艰难，皆出人力，不夺其时，常有此饭。

——吴　兢　《贞观政要·教戒太子诸王》

舟所以比人君，水所以比黎庶，水能载舟，亦能覆舟。

——吴　兢　《贞观政要·教戒太子诸王》

民不失务则利之；农不失时则成之；省刑罚则生之；薄赋敛则与之；俭宫室台榭则乐之；吏清不苛扰则喜之。民失其务则害之；农失其时则败之；无罪而罚则杀之；重赋敛则夺之；多营宫室台榭以疲民力则苦之；吏浊苛扰则怒之。

故善为国者，驭民如父母之爱子，如兄之爱弟，见其饥寒则为之忧，见其劳苦则为之悲，赏罚如加于身，赋敛如取己物。此爱民之道也。

——吕　尚　《六韬·文韬·国务》

第三节　富国强兵

是故人君必从事于富，不富无以为仁，不施无以合亲。疏其亲则害，失其众则败。

——吕　尚　《六韬·文韬·守土》

五谷者，万民之命，国之重宝。

——范　蠡　《齐民要术·杂说第三十》

是故治民有常道，而生财有常法。……非兹是无以理人，非兹是无以生财。

——管　仲　《管子·君臣上篇》

凡有地牧民者，务在四时，守在仓廪。国多财则远者来，地辟举则民留处。

——管　仲　《管子·牧民篇》

夫积贮者，天下之大命也。苟粟多而财有余，何为而不成。以攻则取，以守则固，以战则胜，怀敌附远，何招而不至。

——班　固　《汉书·食货志上》

生之有时，而用之无度，则物力必屈，……生之者甚少，而靡之者甚多，天下财产，何得不蹶。

——班　固　《汉书·食货志上》

士大夫众则国贫，工商众则国贫。……故田野县鄙者，财之本也。

——荀　卿　《荀子·富国篇》

轻田野之税，平关市之征，省商贾之数，罕兴力役，无夺农时，如是则国富矣。

——荀　卿　《荀子·富国篇》

国以民为本，人以食为命，若禾黍不登，则兆庶非国家所有。

——李世民　《贞观政要·务农》

夫粜，二十病农，九十病末，末病则财不出，农病则草不辟矣。上不过八十，下不过三十，则农末俱利。平粜齐物，关市不乏，治国之道也。

——司马迁　《史记·货殖列传》

（文王曰：敢问三宝？）太公曰：大农，大工，大商谓之三宝。农一其乡，则谷足；工一其乡，则器足；商一其乡，则货足。三宝各安其处，民乃不虑。无乱其乡，无乱其族，臣无富于君，都无大于国。六守长，则君昌；三宝完，则国安。

——吕　尚　《六韬·文韬·六守》

善平籴者，必谨观岁，……故虽遭饥馑水旱，籴不贵而民不散，取有余而补不足也。

——冯梦龙　《智囊·明智部经务卷八》

百姓足，君孰与不足；百姓不足，君孰与足。

——孔　子　《论语·颜渊》

凡物多则贱，少则贵，不求贱而求多，真晓人也。

——冯梦龙　《智囊·明智部经务卷八》

官府无私，即铅铁尚可行，况铜乎？夫钱法所以壅而不行者，官出而不官入，即入也，以恶钱出而以良钱入，出价厚而入价廉，民谁甘之？故曰："君子平其政。"上下平，则政自行矣。

——冯梦龙　《智囊·明智部经务卷八》

物贱由乎钱少，少则重，重加铸而散之使轻。物贵由乎钱多，多则轻，轻则作法而敛之使重。是乃物之贵贱，系于钱之多少。钱之多少，在于官之盈缩。

——陆　贽　《陆宣公奏议全集·卷四》

大富则骄，大贫则忧。忧则为盗，骄则为暴，此众人之情也。圣者则于众人之情，见乱之所从生，故其制人道而差上下也。使富者足以示贵而不至于骄，贫者足以养生而不至于忧。以此为度而调均之，是以财不匮而上下相安。

——董仲舒 《春秋繁露·制度篇第二十七》

夫盐，食肴之将；酒，百药之长，嘉会之好；澹，田农之本；名山大泽，饶衍之臧；五均赊贷，百姓所取平，仰以给澹；铁布铜冶，通行有无，备民用也。此六者，非编户齐民所能家作，必仰于市，虽贵数倍，不得不买。豪民富贾，即要贫弱，先圣知其然也，故斡之。

——班 固 《汉书·食货志》

凡百役之费，一钱之敛，先度其数而赋于人，量出以制入。

——杨 炎 《旧唐书·杨炎传》

食不足而财有余，则驰于积财而务实仓廪；食有余而财不足，则缓于积食而啬用货泉。

——陆 贽 《陆宣公奏议全集·卷三》

若国家理安，钱谷俱富，庶黎蕃息，力役靡施。然后恒操羡财，益广漕运。虽有厚费，适资贫人。……有用一斗钱运一斗米之说，然且散有余而备所乏，虽费何害焉。

——陆 贽 《陆宣公奏议全集·卷三》

凡治市之货贿六畜珍异，亡者使有，利者使阜，害者使亡，靡者使微。

——《周礼·地官·司市》

能越力于地者富，能起力于敌者强，强不塞者王。

——韩 非 《韩非子·心度》

民之生，度而取长，称而取重，权而索利。明君慎观三者，则国治可立，而民能可得。

——商 鞅 《商君书·算地》

故圣人之为国也，观俗立法则治，察国事本则宜。

——商 鞅 《商君书·算地》

俭则伤事，侈则伤货。

——管 仲 《管子·乘马篇》

少或不足则重，有余或多则轻。

——管 仲 《管子·国蓄篇》

国富而贫治，曰重富，重富者强；国贫而富治，曰重贫，重贫者弱。

——商 鞅 《商君书·去强》

生财有大道。生之者众，食之者寡；为之者疾，用之者舒；则财恒足矣。

——《大学》

贵上极则反贱，贱下极则反贵。

——范 蠡 《越绝书·外传》

晏常言："户口滋多，则赋税自广。"故其理财常以养民为先。可谓知本之论。……王荆公但知理财，而实无术以理之。亦自附养民，而反多方以害之。故上不能为刘晏，而下且不逮桑、孔。

——冯梦龙 《智囊·明智部经务卷八》

为兵之数，存乎聚财而财无敌，存乎论工而工无敌，存乎制器而器无敌。

——管 仲 《管子·七法篇》

君虽强本趣耕，而自为铸币而无已，乃今使民下相役耳，恶能以为治乎？

——管 仲 《管子·国蓄篇》

国虽富，不侈泰，不纵欲。

——管 仲 《管子·重令篇》

夫兵，虽非备道至德也，然而所以辅王成霸。

——管 仲 《管子·兵法》

君之所以卑尊，国之所以安危者，莫要于兵。……故兵者，尊主安国之经也。

——管 仲 《管子·参患》

故备者，国之重也；……兵者，国之爪也。

——墨 子 《墨子·七患》

安国之道，道任地始。地得其任则功成，地不得其任则劳而无功。

——墨　子　《墨子·城守》

夫国危主忧也者，强敌大国也。人君不能服强敌，破大国也，则修守备，便地形，抟民力，以待外事，然后患可以去，而王可致也。

——商　鞅　《商君书·农战》

夫兵不可偃也，譬之若水火然，善用之则为福，不能用之则为祸；若用药者然，得良药则活人，得恶药则杀人。义兵之为天下良药也亦大矣。

——吕不韦　《吕氏春秋·荡兵》

兵者、凶器，不得已而用之。……自古以来穷兵极武，未有不亡者也。

——吴　兢　《贞观政要·征伐》

夫兵甲者，国家凶器也。土地虽广，好战则民凋；中国虽安，忘战则民殆。

——吴　兢　《贞观政要·征伐》

凡兵，天下之凶器也，勇，天下之凶德也。举凶器，行凶德，犹不得已也。

——吕不韦　《吕氏春秋·论威》

故国虽大，好战必亡；天下虽安，忘战必危。

——《司马法·仁本》

兵起而胜敌，按兵而国富者王。

——商　鞅　《商君书·去强》

夫兵者，不祥之器，天道恶之，不得已而用之，是天道也。夫人之在道，若鱼之在水，得水而生，失水而死。故君子者常畏惧而不敢失道。

——黄石公　《三略·下略》

第三章 驭兵篇

第一节 用兵之道

凡用兵之法，全国为上，破国次之；全军为上，破军次之；全旅为上，破旅次之；全卒为上，破卒次之；全伍为上，破伍次之。是故百战百胜，非善之善者也；不战而屈人之兵，善之善者也。

——孙　武　《孙子·谋攻》

故上兵伐谋，其次伐交，其次伐兵，其下攻城。……故善用兵者，屈人之兵而非战也，拔人之城而非攻也，毁人之国而非久也，必以全争于天下，故兵不顿而利可全，此谋攻之法也。

——孙　武　《孙子·谋攻》

其言无谨，偷矣；其陵犯无节，破矣；水溃雷击，三军乱矣。必安其危，去其患，以智决之。高之以廊庙之论，重之以受命之论，锐之以逾垠之论，则敌国可不战而服。

——尉缭子　《尉缭子·战权》

夫未战而庙算胜者，得算多也；未战而庙算不胜者，得算少也。

多算胜，少算不胜，而况于无算乎！

——孙　武　《孙子·始计》

凡用兵之法，驰车千驷，革车千乘，带甲十万，千里馈粮，则内外之费，宾客之用，胶漆之材，车甲之奉，日费千金，然后十万之师举矣。

——孙　武　《孙子·作战》

故杀敌者，怒也；取敌之利者，货也。故车战得车十乘以上，赏其先得者。而更其旌旗，车杂而乘之，卒善而养之，是谓胜敌而益强。

——孙　武　《孙子·作战》

不可胜者，守也；可胜者，攻也。守则不足，攻则有余。善守者藏于九地之下，善攻者动于九天之上，故能自保而全胜也。

——孙　武　《孙子·军形》

凡治众如治寡，分数是也；斗众如斗寡，形名是也；三军之众，可使毕受敌而无败者，奇正是也；兵之所加，如以碫投卵者，虚实是也。

——孙　武　《孙子·军势》

治兵者，若秘于地，若邃于天，生于无，故开之，大不窕，小不恢。明乎禁舍开塞，民流者亲之，地不任者任之。夫土广而任则国富，民众而治则国治。富治者，车不发轫，甲不出囊，而威制天下。故曰：兵胜于朝廷。不暴甲而胜者，主胜也；陈而胜者，将胜也。

——尉缭子　《尉缭子·兵谈》

昔之善战者，先为不可胜，以待敌之可胜。不可胜在己，可胜在敌。故善战者，能为不可胜，不能使敌之可胜。故曰：胜可知而不可为。不可胜者守也，可胜者攻也。守则不足，攻则有余。善守者藏于九地之下，善攻者动于九天之上，故能自保而全胜也。

——孙　武　《孙子·军形》

夫兵，贵不可胜，不可胜在己，可胜在彼。……故执不可胜之术以遇不胜之敌，若此则兵无失矣。

——吕不韦　《吕氏春秋·决胜》

凡兵之胜，敌之失也。胜失之兵，必隐必微，必积必搏。隐则胜阐矣，微则胜显矣，积则胜散矣，搏则胜离矣。

——吕不韦　《吕氏春秋·决胜》

不忒者，其所措必胜，胜已败者也。故善战者，立于不败之地，而不失敌之败也。是故胜兵先胜而后求战，败兵先战而后求胜。善用兵者，修道而保法，故能为胜败之政。

——孙　武　《孙子·军形》

不求大胜亦不大败者，节制之兵也；成大胜成大败者，幸而成功者也。故孙武云："善战者，立于不败之地，而不失敌之败也。"节制在我云尔。

——阮　逸　《唐李问对·卷下》

故善战者，求之于势，不责于人，故能择人而任势。任势者，其战人也如转木石。木石之性，安则静，危则动，方则止，圆则行。故善战人之势，如转圆石于千仞之山者，势者。

——孙　武　《孙子·军势》

故军争为利，军争为危。举军而争利，则不及；委军而争利，则辎重捐。是故卷甲而趋，日夜不处，倍道兼行，百里而争利，则擒三军将，劲者先，疲者后，其法十一而至。五十里而争利，则蹶上将军，其法半至。三十里而争利，则三分之二至。是故军无辎重则亡，无粮食则亡，无委积则亡。

——孙　武　《孙子·军争》

凡用兵之法，将受命于君，合军聚众，圮地无舍，衢地交合，绝地无留，围地则谋，死地则战。涂有所不由，军有所不击，城有所不攻，地有所不争，君命有所不受。

——孙　武　《孙子·九变》

故用兵之法，无恃其不来，恃吾有以待也；无恃其不攻，恃吾有所不可攻也。

——孙　武　《孙子·九变》

以众击寡，以治击乱，以富击贫，以能击不能，以教卒练士击驱众白徒，故十战十胜，百战百胜。

——管　仲　《管子·七法》

故知兵者，动而不迷，举而不穷。故曰：知彼知己，胜乃不殆；知天知地，胜乃不穷。

——孙　武　《孙子·地形》

故知胜有五：知可以战与不可以战者胜，识众寡之用者胜，上下同欲者胜，以虞待不虞者胜，将能而君不御者胜。此五者，知胜之道也。故曰：知彼知己者，百战不殆；不知彼而知己，一胜一负；不知彼不知己，每战必殆。

——孙　武　《孙子·谋攻》

故明于机数者，用兵之势也。大者时也，小者计也。

——管　仲　《管子·七法》

是故器成卒选，则士知胜矣。遍知天下，审御机数，则独行而无敌矣。

——管　仲　《管子·七法》

知吾卒之可以击，而不知敌之不可击，胜之半也；知敌之可击，而不知吾卒之不可以击，胜之半也；知敌之可击，知吾卒之可以击，而不知地形之不可以战，胜之半也。

——孙　武　《孙子·地形》

主不可以怒而兴师，将不可以愠而致战。合于利而动，不合于利而止。

——孙　武　《孙子·火攻》

敌近而静者，恃其险也；远而挑战者，欲人之进也；其所居易者，利也。众树动者，来也；众草多障者，疑也；鸟起者，伏也；兽骇者，覆也。尘高而锐者，车来也；卑而广者，徒来也；散而条达者，樵采也；少而往来者，营军也。辞卑而益备者，进也；辞强而进驱者，退也；轻车先出居其侧者，陈也；无约而请和者，谋也；奔走而陈兵车者，期也；半进半退者，诱也。杖而立者，饥也；汲而先饮者，渴也；见利而不进者，劳也。鸟集者，虚也；夜呼者，恐也；军扰者，将不重也；旌旗动者，乱也；吏怒者，倦也；粟马肉食，军无悬瓿，不返其舍者，穷寇也；谆谆翕翕，徐与人言者，失众也；数赏者，窘也；数罚者，困也；先暴而后畏其众者，不精之至也；来委谢者，欲休息也。

———孙　武　《孙子·行军》

兵起而程敌，政不若者勿与战；食不若者勿与久；敌众勿为客；敌尽不如，击之勿疑。故曰：兵大律在谨，论敌察众，则胜负先知也。

———商　鞅　《商君书·战法》

王者之兵，胜而不骄，败而不怨。胜而不骄者，术明也。败而不怨者，知所失也。

———商　鞅　《商君书·战法》

凡敌人之来也，以求利也。今来而得死，且以走为利。敌皆以走为利，则刃无与接。故敌得生于我，则我得死于敌；敌得死于我，则我得生于敌，夫得生于敌，与敌得生于我，岂可不察哉？此兵之精者。存亡死生，决于知此而已矣。

———吕不韦　《吕氏春秋·爱士》

故用兵之法，十则围之，五则攻之，倍则分之，敌则能战之，少则能逃之，不若则能避之。故小敌之坚，大敌之擒也。

———孙　武　《孙子·谋攻》

故为兵之事，在于顺详敌之意，并敌一向，千里杀将，是谓巧能成事者也。

——孙　武　《孙子·九地》

凡用兵，胜有三等：若兵未起则错法；错法而俗成；而用具。此三者必行于境内，而后兵可出也。

——商　鞅　《商君书·立本》

故凡兵势险阻，欲其便也；兵甲器械，欲其利也；选练角材，欲其精也；统率士民，欲其教也。此四者，义兵之助也。

——吕不韦　《吕氏春秋·简选》

善料敌者，料将不料兵。

——冯梦龙　《智囊·明智部亿中卷六》

凡兵有以道胜，有以威胜，有以力胜。讲武料敌，使敌之气失而师散，虽形全而不为之用，此道胜也。审法制，明赏罚，便器用，使民有必战之心，此威胜也。破军杀将，乘闉发机，溃众夺地，成功乃返，此力胜也，王侯知此，所以三胜者毕矣。

——尉缭子　《尉缭子·战威》

危事无恒，方随病设。躁或胜寒，静或胜热。动于九天，入于九渊。风雨在手，百战无前。

——冯梦龙　《智囊·兵智部制胜卷二十二》

故先王专于兵有王焉：委积不多，则士不行；赏禄不厚，则民不劝；武士不选，则众不强；备用不便，则力不壮；刑赏不中，则众不畏。务此五者，静能守其所困，动能成其所欲。

——尉缭子 《尉缭子·战威》

共敌不如分敌，敌阳不如敌阴。

——《三十六计·胜战计·围魏救赵》

治兵如治水，锐者避其锋，如导疏；弱者塞其虚，如筑堰。

——《三十六计·胜战计·围魏救赵》按

攻胜，则利不胜取。取小遗大，卒之利，将之果、帅之害，攻之亏也。全胜而不摧坚擒王，是纵虎归山也，擒王之法，不可图辨旌旗，而当察其阵中之首动。

——《三十六计·攻战计·擒贼擒王》按

逼则反兵，走则减势，紧随勿迫，累其气力，消其半志，散而后擒，兵不血刃。需，有孚，光。

——《三十六计·攻战计·欲擒故纵》

阴谋作为，不能于背时秘处行之。

——《三十六计·胜战计·瞒天过海》按

第二节 扬长避短

兵有长短，敌我一也，敢问：吾之所长，吾出而用之，彼将不能与吾校；吾之所短，吾蔽而置之，彼将强与吾角，奈何？曰：吾之所短，吾抗而暴之，使之疑而却；吾之所长，吾阴而养之，使之狎而堕其中，此用长短之术也。

——唐顺之　《唐荆川纂辑武编·前卷·战》

制人之术，避人之长，攻人之短；见己之所长，蔽己之所短。

——吴　起　《兵镜·吴子·用说》

我敌之情，各有长短。战争之事，难得全胜。而胜负之决，即在长短之相较。而长短之相较，乃有以短胜长之秘诀。

——《三十六计·敌战计·李代桃僵》按

善用兵者，不以短击长，而以长击短。

——李左车　《古今图书集成·戎政典·戎政总部论七》

凡战，智也，斗，勇也。陈，巧也。用其所欲，行其所能，废其不欲不能。于敌反是。

——《司马法·定爵》

故知战之地，知战之日，则可千里而会战；不知战地，不知战日，则左不能救右，右不能救左，前不能救后，后不能救前，而况远者数十里，近者数里乎？

——孙　武　《孙子·虚实》

第三节　兵贵神速

兵起，非可以忿也。见胜则兴，不见胜则止。患在百里之内，不起一日之师；患在千里之内，不起一月之师；患在四海之内，不起一岁之师。

——尉缭子　《尉缭子·兵谈》

故兵闻拙速，未睹巧之久也。夫兵久而国利者，未之有也。故不尽知用兵之害者，则不能尽知用兵之利也。

——孙　武　《孙子·作战》

故兵贵胜，不贵久。故知兵之将，生民之司命，国家安危之主也。

——孙　武　《孙子·作战》

凡兵欲急疾捷先。欲急疾捷先之道，在于知缓徐迟后而急疾捷先之分也。急疾捷先，此所以决义兵之胜也。

——吕不韦　《吕氏春秋·论威》

激水之疾，至于漂石者，势也；鸷鸟之疾，至于毁折者，节也。是故善战者，其势险，其节短。势如㐰弩，节如发机。

——孙　武　《孙子·军势》

故曰事贵制人，而不贵见制于人。制人者握权也，见制于人者制命也。

——鬼谷子　《鬼谷子·谋篇第十》

第四节　攻心为上

伤气败军，曲谋败国。

——尉缭子　《尉缭子·兵教下》

名定则物不竞，分明则私不行。物不竞非无心，由名定故无所措其心；私不行非无欲，由分明故无所措其欲。

——尹文子　《尹文子·大道上》

名正则治，名表则乱。使名丧者，淫说也。

——吕不韦　《吕氏春秋·正名》

用众在乎心一，心一在乎禁祥去疑。

——阮　逸　《唐李问对·卷下》

夫攻者，不止攻其城击其陈而已，必有攻其心之术焉。守者，不止完其壁，坚其陈而已，必也守吾气而有待焉。

——阮　逸　《唐李问对·卷下》

朕常临陈，先料敌之心与己之心孰审，然后彼可得而知焉；察敌之气与己之气孰治，然后我可得而知焉。是以知彼知己兵家大要。

——阮　逸　《唐李问对·卷下》

故用兵之法，必先察吾士众，激吾胜气，乃可以击敌焉。……苟悟夺之之理，则兵可任矣。

——阮　逸　《唐李问对·卷下》

卒未亲附而罚之则不服，不服则难用也。卒已亲附而罚不行，则不可用也。故令之以文，齐之以武，是谓必取。令素行以教其民，则民服；令素不行以教其民，则民不服。令素行者，也众相得也。

——孙　武　《孙子·行军》

凡为客之道，深入则专。主人不克，掠于饶野，三军足食；谨养而勿劳，并气积力；运兵计谋，为不可测。

——孙　武　《孙子·九地》

故善用兵者，携手若使一人，不得已也。

——孙　武　《孙子·九地》

夫将之所以战者，民也；民之所以战者，气也。气实则斗，气夺则走。……善用兵者，能夺人而不夺于人。夺者，心之机也。令者，一众心也。众不审则数变，数变则令虽出，众不信矣。故令之法，小过无更，小疑无申。故上无疑令则众不二听；动无疑事则众不二志。未有不信其心而能得其力，未有不得其力而能致其死战者也。

——尉缭子　《尉缭子·战威》

兵固有先声而后实者，此之谓也。

——韩　信　《史记·淮阴侯列传》

军志有之，"先人有夺人之心"，薄之也。

——左丘明　《左传·昭公二十一年》

凡兵之用也，用于利，用于义。……凡人之攻我也，非为利则为名也。名实不得，国虽强大，则无为攻矣。

——吕不韦　《吕氏春秋·召类》

故善用兵者，屈人之兵而非战也，拔人之城而非攻也，毁人之国而非久也，必以全争于天下，故兵不顿而利可全，此谋攻之法也。

——孙　武　《孙子·谋攻》

水沸者，力也，火之力也，阳中之阳也，锐不可当；薪者，火之魄也，即力之势，阴中之阴也，近而无害，故力不可当而势犹可消。

——《三十六计·混战计·釜底抽薪》按

第四章　智谋篇

第一节　大智若愚

大智不智，大谋不谋，大勇不勇，大利不利。利天下者，天下启之；害天下者，天下闭之。

——吕　尚　《六韬·武韬·发启》

鸷鸟将击，卑飞敛翼；猛兽将搏，弭耳俯伏；圣人将动，必有愚色。

——吕　尚　《六韬·武韬·发启》

道固委蛇，大成若缺。如莲在泥，入垢出洁。先号后笑，吉生凶灭。

——冯梦龙　《智囊·术智部委蛇卷十六》

似石而玉，以镎为刃。去其昭昭，用其冥冥。仲父有言，事可以隐。

——冯梦龙　《智囊·术智部谬数第十七》

大智不形，大器晚成，大音希声。

——吕不韦　《吕氏春秋·乐成》

得道者必静。静者无知，知乃无知，可以言君道也。

——吕不韦　《吕氏春秋·君守》

至精无象，而万物以化；大圣无事，而千官尽能。此乃谓不教之教，无言之诏。

——吕不韦　《吕氏春秋·君守》

故至智弃智，至仁忘仁，至德不德。无言无思，静以待时，时至而应，心暇者胜。凡应之理，清静公素，而正始卒，焉此治纪，无唱有和，无先有随。

——吕不韦　《吕氏春秋·任数》

第二节　胜于无形

故善战者，不待张军；善除患者，理于未生；善胜敌者，胜于无形；上战无与战。……事莫大于必克；用莫大于玄默；动莫神于不意；谋莫善于不识。夫先胜者，先见弱于敌而后战者也，故事半而功倍焉。

——吕　尚　《六韬·龙韬·军势》

古之善摩者如操钩而临深渊，饵而投之，必得鱼焉。故曰主事日成而人不知，主兵日胜而人不畏也。

——鬼谷子　《鬼谷子·摩篇第八》

主兵日胜者，常战于不争不费而民不知所以服，不知所以畏，而天下比之神明。

——鬼谷子 《鬼谷子·摩篇第八》

一操一纵，度越意表。寻常所惊，豪杰所了。

——冯梦龙 《智囊·上智部见大卷一》

圆若用智，唯环善转，智之所以灵妙而无穷也。

——冯梦龙 《智囊·上智部见大卷一》

智用于众人之所不能知，而能用于众人之所不能见。

——鬼谷子 《鬼谷子·谋篇第十》

第三节 以静制动

人主之道，静退以为宝。不自操事而知拙与巧，不自计虑而知福与咎；是以不言而善应，不约而善增。言已应则执其契，事已增则操其符。符契之所合，赏罚之所生也。

——韩 非 《韩非子·主道》

虚则知实之惰，静则知动者正。有言者自为名，有事者自为形。

——韩 非 《韩非子·主道》

明君无为于上，群臣竦惧乎下。明君之道，使智者尽其虑，而君因以断事，故君不穷于智；贤者敕其材，君因而任之，故君不穷于能。

——韩 非 《韩非子·主道》

是故不贤而为贤者师，不智而为智者正；臣有其劳，君有其成功。此之谓贤主之经也。

——韩 非 《韩非子·主道》

道在不可见，用在不可知，虚静无事，以暗见疵。

——韩 非 《韩非子·主道》

兵以静胜，国以专胜。力分者弱，心疑者背。

——尉缭子 《尉缭子·攻权》

圣人务静之，贤人务正之，愚人不能正，故与人争。

——吕 尚 《六韬·武韬·文启》

示之以动，利其静而有主，"《益》动而巽"。

《三十六计·敌战计·暗度陈仓》

天有常形，民有常生，与天下共其生而天下静矣。太上因之，其次化之。夫民化而从政，是以天无为而成事，民无与而自富，此圣人之德也。

——吕 尚 《六韬·武韬·文启》

天之道，不争而善胜，不言而善应，不召而自来，绰然而善谋。天网恢恢，疏而不失。

——老 子

（文王曰：主位如何?）太公曰：安徐而静，柔节先定，善与而不争，虚心平志，待物以正。

——吕　尚　《六韬·文韬·大礼》

夫王者之道如龙首，高居而远望，深视而审听，示其形，隐其情；若天之高不可极也，若渊之深不可测也。故可怒而不怒，奸臣乃作；可杀而不杀，大贼乃发；兵势不行，敌国乃强。

——吕　尚　《六韬·文韬·上贤》

事在四方，要在中央；圣人执要，四方来效；虚而待之，彼自以之。

——韩　非　《韩非子·扬权》

明君之所以立功成名者四：一曰天时，二曰人心，三曰技能，四曰势位。……若水之流，若船之浮，守自然之道，行毋穷之令，故曰明主。

——韩　非　《韩非子·功名》

第四节　以柔克刚

柔能制刚，弱能制强。柔者德也，刚者贼也，弱者人之所助，强者怨之所攻。柔有所设，刚有所施，弱有所用，强有所加。兼此四者而制其宜。

——黄石公　《三略·上略》

故曰：莫不贪强，鲜能守微，若能守微，乃保其生。圣人存之，动应事机，舒之弥四海，卷之不盈怀，居之不以室宅，守之不以城郭，藏之胸臆，而敌国服。

——黄石公 《三略·上略》

能柔能刚，其国弥光，能弱能强，其国弥彰。纯柔纯弱，其国必削。纯刚纯强，其国必亡。

——黄石公 《三略·上略》

信而安之，阴以图之，备而后动，勿使有变。刚中柔外也。

——《三十六计·敌战计·笑里藏刀》

不聪不明不能为王，不瞀不聋不能为公，海与山争水海必得之。

——慎 子 《慎子·补遗》

以强去强者，弱；以弱去强者，强。

——商 鞅 《商君书·弱民》

第五节　暗度陈仓

圣人谋之于阴，故曰神；成之于阳，故曰明。

——鬼谷子 《鬼谷子·摩篇第八》

闭情于内故曰阴也。

——鬼谷子 《鬼谷子·捭阖第一》

将行反忤之实，必须先定计谋，然后行之，又用飞箝之术以弥缝之。

——鬼谷子 《鬼谷子·忤合第六》

故谋莫难于周密，说莫难于悉听，事莫难于必成。此三者然后能之。

——鬼谷子　《鬼谷子·摩篇第八》

故圣人之道阴，愚人之道阳。圣人之道内阳外阴，愚人之道内阴外阳。

——鬼谷子　《鬼谷子·谋篇第十》

天地无极，人事无穷，各以成其类。见其计谋必知其吉凶成败之所终也。

——鬼谷子　《鬼谷子·本经阴符七篇》

为人凡谋有道必得其所因，以求其情。得其所因则其情可求，见情而谋，则事无不计。

——鬼谷子　《鬼谷子·谋篇第十》

成于事而合于计谋，与之为主。

——鬼谷子　《鬼谷子·忤合第六》

故变生于事，事生谋，谋生计，计生议，议生说，说生进，进生退，退生制。因以制于事，故百事一道，而百度一数也。

——鬼谷子　《鬼谷子·谋篇第十》

故愚者易蔽也，不肖者易惧也，贪者易诱也，是因事而裁之。

——鬼谷子　《鬼谷子·谋篇第十》

计谋之用，公不如私，私不如结，结而无隙者也。正不如奇，奇流而不止者也。

——鬼谷子　《鬼谷子·谋篇第十》

人之有好也，学而顺之；人之有恶也，避而讳之，故阴道而阳取之也。

——鬼谷子　《鬼谷子·谋篇第十》

故因其疑以变之，因其见以然之，因其说以要之，因其势以成之，因其恶以权之，因其患以斥之，摩而恐之，高而动之，微而正之，符而应之，拥而塞之，乱而惑之，是谓计谋。

——鬼谷子　《鬼谷子·谋篇第十》

故非计策无以决嫌定疑，非谲奇无以破奸息寇，非阴谋无以成功。

——黄石公　《三略·中略》

外乱而内整，示饥而实饱，内精而外钝。一合一离，一聚一散。阴其谋，密其机，高其垒，伏其锐士，寂若无声，敌不知我所备，欲其西，袭其东。

——吕　尚　《六韬·文韬·兵道》

第五章 用人篇

第一节 以德服人

凡兼人者有三术：有以德兼人者，有以力兼人者，有以富兼人者。……以德兼人者王，以力兼人者弱，以富兼人者贫。

——荀　子　《荀子·议兵》

子贡问政。子曰："足食、足兵、民信之矣。"子贡曰："必不得已而去，于斯三者何先？"曰："去兵。"子贡曰："必不得已而去，于斯二者何先？"曰："去食。自古皆有死，民无信不立。"

——孔　子　《论语·颜渊》

凡人主必信。信而又信，谁人不亲？……信之所及，尽制之矣。

——吕不韦　《吕氏春秋·贵信》

昔三苗氏左洞庭，右彭蠡，德义不修，禹灭之。夏桀之居，左河济，右泰华，伊阙在其南，羊肠在其北，修政不仁，汤放之。殷纣之国，左孟门，右太行，常山在其北，大河经其南，修政不德，武王杀之。由此观之，在德不在险。若君不修德，舟中之人尽为敌国也。

——吴　起　《史记·孙子吴起列传》

天时不如地利，地利不如人和。……故曰：域民不以封疆之界，固国不以山谷之险，威天下不以兵革之利。得道者多助，失道者寡助。寡助之至，亲戚畔之；多助之至，天下顺之。以天下之所顺，攻亲戚之所畔；故君子有不战，战必胜矣。

——孟　子　《孟子·公孙丑下》

明主鉴此：必内修文德，外治武备。

——吴　起　《吴子·图国》

不和于国，不可以出军；不和于军，不可以出陈；不和于陈不可以进战；不和于战，不可以决胜。是以有道之主，将用其民，先和而造大事。

——吴　起　《吴子·图国》

善战者省敌，不善战者益敌。省敌者昌，益敌者亡。夫欲取人之国则彼国之人皆我敌也。故善省敌者不使人我敌。汤武之所以无敌者，以我之敌敌敌也。惟天下至仁为能以我之敌敌敌。是故，敌不敌而天下服。

——刘伯温　《诚意伯文集·郁离子·省敌》

古者率民，必先礼信而后爵禄，先廉耻而后刑罚，先亲爱而后律其身。

——尉缭子　《尉缭子·战威》

凡兵不攻无过之城，不杀无罪之人。……故兵不血刃，而天下亲焉。

——尉缭子　《尉缭子·武议》

鸟穷则啄，兽穷则攫，人穷则诈，上好智而无道则天下大乱。

——慎　子　《慎子·外篇》

流水清浊，在其源也。君者政源，人庶犹水，君自为诈，欲臣下行直，是犹源浊而望水清，理不可得。

——吴　兢　《贞观政要·诚信》

小信成则大信立，故明主积于信。

——韩　非　《韩非子·外储说左上》

主不可以无德，无德则臣叛，不可以无威，无威则失权。臣不可以无德，无德则无以事君，不可以无威，无威则国弱，威多则身蹶。

——黄石公　《三略·中略》

谋度于义者必得，事因于民者必成。……故度义因民，谋事之术也。

——晏　婴　《晏子春秋·景公问谋必得事必成何术晏子对以度义因民第十二》

义多则敌寡，利厚则民欢。

——晏　婴　《晏子春秋·内篇》

民犹沙也，有天下者惟能搏而聚之耳。……霸世之民犹以水搏沙。其合也若不可开，然一旦消释则涣然离矣。其下者以力聚之，犹以手搏沙，拳则合，放则散。不求其聚之之道，而以责于民曰是顽而好叛，呜呼，何其不思之甚也。

——刘伯温　《诚意伯文集·郁离子·千里马》

夫民之轻禁以逞欲如水之决，必有所自求。而塞之斯可矣。今此之不塞而力遏其流，至于不能制，乃不省其阙而欲矫，以逆先王之法度，是犹欲止水而去防也，其庸有瘳乎？夫民有欲而无厌者也，节以制之，犹或踰焉。

——刘伯温　《诚意伯文集·郁离子·千里马》

欲建功任事者，先在体悉人情哉！

——冯梦龙　《智囊·明智部经务卷八》

夫物之不齐，物之情也，或相倍蓰，或相什百，或相千万。子比而同之，是乱天下也。

——孟　子　《孟子·滕文公上》

夫主将之法，务揽英雄之心，赏禄有功，通志于众。故与众同好靡不成，与众同恶靡不倾。治国安家，得人也。亡国破家，失人也。

——黄石公　《三略·上略》

凡人富则不羡爵禄，贫则不畏刑罚，不羡爵禄者自足于已也，不畏刑罚者不赖存身也。二者为国之所甚，而不知防之之术，故令不行而禁不止。若使令不行而禁不止则无以为治。

——尹文子　《尹文子·大道下》

甚富不可使。

——管　仲　《管子·侈靡篇》

家足其所者，不从圣人。

——管　仲　《管子·轻重乙篇》

善为上者，能令人得欲无穷，故人之可得用亦无穷也。

——吕不韦　《吕氏春秋·为欲》

使智，使勇，使贪，使愚。智者乐立其功，勇者好行其志，贪者邀趋其利，愚者不顾其死。因其至情而用之。

——黄石公　《三略·中略》

使义士不以财。故义者不为不仁者死，智者不为暗主谋。

——黄石公　《三略·中略》

地不同生，而任之以一种，责其俱生不可得；人不同能，而任之以一事，不可责编成。责焉无已，智者有不能给，求焉无厌，天地有不能赡也。故明王之任人，谄谀不迩乎左右，阿党不治乎本朝；任人之长，不强其短，任人之工，不强其拙。此任人之大略也。

——晏　婴　《晏子春秋·景公问古之莅国者
任人如何晏子对以人不同能第二十四》

闻古之善用人者，必循天顺人而明赏罚。循天则用力寡而功立，顺人则刑罚省而令行，明赏罚则伯夷盗跖不乱。如此则白黑分矣。

——韩　非　《韩非子·用人》

治国之臣，效功于国以履位，见能于官以受职，尽力于权衡以任事。人臣皆宜其能，胜其官，轻其任，而莫怀余力于心，莫负兼官之责于君。故内无伏怨之乱，外无马服之患。

——韩　非　《韩非子·用人》

夫瓦器，至贱也，不漏可以盛酒。虽有千金之玉卮，至贵而无当，漏不可盛水，则人孰注浆哉。

——韩　非　《韩非子·外储说右上》

任人以事，存亡治乱之机也，无术以任人，无所任而不败。

——韩　非　《韩非子·八说》

明君之道，贱德义贵，下必坐上，决诚以参，听无门户。故智者不得诈欺。计功而行赏，程能而授事，察端而观失，有过者罪，有能者得，故愚者不任事。

——韩　非　《韩非子·八说》

因材任能，盗皆作使。俗儒以鸡鸣狗盗之雄笑田父，不知尔时舍鸡鸣狗盗，都用不着也。

——冯梦龙　《智囊·上智部见大卷一》

资格束人，国家安得真才之用乎？若立贤无方，则萧颖士之仆，可为吏部郎；甄琛之奴，韩魏公之老兵，可为师傅祭酒。

——冯梦龙　《智囊·上智部道简卷三》

圣人达人之情，故能尽人之用。后世以文法束人，以资格限人，又以兼长望人，天下事岂有济乎？

——冯梦龙　《智囊·上智部见大卷一》

孔子之使马圉，以愚应愚也；艺祖之遣殿侍者，以愚困智也。以智强愚，愚者不解；以智角智，智者不服。

——冯梦龙　《智囊·上智部见大卷一》

是以圣人任道以其险，立法以其理，差使贤愚不相弃，能鄙不相遗。能鄙不相遗则能鄙齐功，贤愚不相弃则贤愚等虑。此至治之术也。

——尹文子　《尹文子·大道上》

圣人之用人，必量度其谋能之优劣，校考其伎巧之长短，然后因材而用。

——鬼谷子　《鬼谷子·捭阖第一》

仆闻农夫之为田也，不以羊负轭；贾子之治车也，不以豕骖服。知其不可以集事，恐为其所败也。是故三代之取士也，必学而后入官，必试之事而能，然后用之。

——刘伯温　《诚意伯文集·郁离子·千里马》

人各有所能也，物各有所庸也。非所任而任之事必厥；非所施而施之功必坯。是故有天下未尝无人也，有人未尝无用也。用得其当谓之得人，用失其当谓之失人。

——刘伯温　《诚意伯文集·杂解》

既察同异，别是非，见内外，知有无，然后与之决安危之计，定亲疏之事，则贤不肖可知也。然后乃权量之，其有隐括乃可征，乃可求，乃可用。

——鬼谷子 《鬼谷子·飞箝第五》

用之于人，则量智能，权材力，料气势，为之枢机以迎之，随之，以箝和之，以意宜之，此飞箝之缀也。

——鬼谷子 《鬼谷子·飞箝第五》

用于人则空往而实来，缀而不失，以究其辞。可箝而从，可箝而横，可引而东，可引而西，可引而南，可引而北，可引而反，可引而覆。

——鬼谷子 《鬼谷子·飞箝第五》

是故智者不用其所短，而用愚人之所长，不用其所拙，而用愚人之所工，故不困也。

——鬼谷子 《鬼谷子·权篇第九》

可知者可用也，不可知者，谋者所不用也。

——鬼谷子 《鬼谷子·谋篇第十》

以全举人固难，物之情也。人伤尧以不慈之名，舜以卑文之号，禹以贪位之意，汤、武以放弑之谋，五伯以侵夺之事。由此观之，物岂可全哉？

——吕不韦 《吕氏春秋·举难》

尺之木必有节目，寸之玉必有瑕瓋。先王知物之不可全也，故择物而贵取一也。

——吕不韦 《吕氏春秋·举难》

所谓十过者：有勇而轻死者，有急而心速者，有贪而好利者，有仁而不忍人者，有智而心怯者，有信而喜信人者，有廉洁而不爱人者，有智而心缓者，有刚毅而自用者，有懦而喜任人者。

——吕　尚 《六韬·龙韬·论将》

所谓五材者，勇、智、仁、信、忠也。勇则不可犯，智则不可乱，仁者爱人，信则不欺，忠则无二心。

——吕　尚 《六韬·龙韬·论将》

赂遗无可授之理，然廉士或始辞而终受，而明主亦或教其臣以受，全要看他既受后作用如何，便见英雄权略。三代以下将相，大抵皆权略之雄尔。

——冯梦龙 《智囊·术智部委蛇卷十六》

物固莫不有长，莫不有短。人亦然。故善学者，假人之长以补其短，故假人者遂有天下。

——吕不韦 《吕氏春秋·用众》

使鸡司夜，令狸执鼠，皆用其能，上乃无事。

——韩　非 《韩非子·扬权》

君子之智，亦有一短；小人之智，亦有一长。小人每拾君子之短，所以为小人，君子不弃小人之长，所以为君子。

——冯梦龙　《智囊·术智部谬数卷十七》

圣人知必然之理，必为之时势，故为必治之政，战必勇之民，行必听之令。是以兵出而无敌，令行而天下服从。

——商　鞅　《商君书·画策》

不教民而用之，谓之殃民。

——孟　子　《孟子·告子下》

家富则疏，族聚家贫。则兄弟离，非不相爱，利不足相容也。

——慎　子　《慎子·逸文》

凡治天下，必因人情。

——韩　非　《韩非·八经》

汉法之善，民即兵，守令即将，故郡国自能制寇。

——冯梦龙　《智囊·明智部经务卷八》

第二节　精诚团结

圣人之治不贵其独治，贵其能与众共治。

——尹文子　《尹文子·大道上》

独行之贤不足以成化，独能之事不足以局务，出群之辩不可为户说，绝环之勇不可与征阵。

——尹文子　《尹文子·大道上》

此木虽曲，得绳则正，为人君虽无道，受谏则圣。

——吴　兢　《贞观政要·教戒太子诸王》

朝居严则下无言，下无言则上无闻矣。下无言则吾谓之瘖，上无闻则吾谓之聋。聋瘖，非害国家而如何也。

——晏　婴　《晏子春秋·景公朝居严下
不言晏子谏第十七》

夫以铜为镜，可以正衣冠；以古为镜，可以知兴替；以人为镜，可以明得失。

——吴　兢　《贞观政要·任贤》

自古帝王多任情喜怒，喜则滥赏无功，怒则滥杀无罪。是以天下丧乱，莫不由此。

——吴　兢　《贞观政要·求谏》

夫良药苦于口，而智者劝而饮之，知其入而已己疾也。忠言拂于耳，而明主听之，知其可以致功也。

——韩　非　《韩非子·外储说左上》

全善之君能制，出入之君时问，虽日危，尚可以没身；羞问之君，不能保其身。

——晏　婴　《晏子春秋·景公问谋必得事必成
何术晏子对以度义因民第十二》

（文王曰：主听如何？）太公曰：勿妄而许，勿逆而拒，许之则失守，拒之则闭塞。高山仰止，不可极也；探渊度之，不可测也。神明之德，正静其极。

——吕　尚　《六韬·文韬·大礼》

力不敌众，智不尽物，与其用一人，不如用一国。

——韩　非　《韩非子·八经》

自知者明，信为难矣。如属文之士，伎巧之徒，皆自谓己长，他人不及。若名工文匠，商略诋诃，芜词拙迹，于是乃见。由是言之，人君须得匡谏之臣，举其愆过。一日万机，一人听断，虽复忧劳，安能尽善？

——吴　兢　《贞观政要·求谏》

人欲自照，必须明镜，主欲知过，必藉忠臣。主若自贤，臣不匡正，欲不危败，岂可得乎？

——吴　兢　《贞观政要·求谏》

若人主所行不当，臣下又无匡谏，苟在阿顺，事皆称美，则君为暗主，臣为谀臣，君暗臣谀，危亡不远。

——吴　兢　《贞观政要·求谏》

故古之能致功名者，众人助之以力，近者结之以成，远者誉之以名，尊者载之以势。如此，故太山之功长立于国家，而日月之名久著于天地。

——韩　非　《韩非子·功名》

夫将以一身统三军者也，三军之耳目齐于一人。故耳齐则聪，目齐则明，心齐则一。万夫一力，天下无敌。

——刘伯温　《诚意伯文集·郁离子·省敌》

岳忠武善以少击众，……凡有所举，尽召诸统制与谋，谋定而后战，故有战无败。……其御军，严而有恩，此则其制胜之本也。

——冯梦龙　《智囊·兵智部不战卷二十一》

至忠逆于耳，倒于心，非贤主其敦能听之？故贤主之所说，不肖主之所诛也。

——吕不韦　《吕氏春秋·至忠》

贤主有度而听，故不过。有度而以听，则不可欺矣，不可惶矣，不可恐矣，不可喜矣。

——吕不韦　《吕氏春秋·有度》

欲知平直，则必准绳；欲知方圆，则必规矩；人主欲自知，则必直士。……存亡安危，勿求于外，务在自知。

——吕不韦　《吕氏春秋·自知》

故虽有尧之智而无众人之助，大功不立。

——韩非子　《韩非子·观行》

第三节　任人唯贤

不信仁贤，则国空虚；无礼义，则上下乱；无政事，则财用不足。

——孟子　《孟子·尽心下》

故曰：良马有策，远道可致。贤士有合，大道可明。

——尉缭子　《尉缭子·武议》

不用贤则亡，削何可得与？

——孟　子　《孟子·告子下》

故泽及于民，则贤人归之；泽及昆虫，则圣人归之。贤人所归，则其国强。圣人所归，则六合同。求贤以德，致圣以道。贤去，则国微。圣去，则国乖。微者危之阶，乖者亡之徵。

——黄石公　《三略·下略》

贤主所贵莫如士。所以贵士，为其直言也。言直则枉者见矣。人主之患，欲闻枉而恶直言，是障其源而欲其水也，水奚自至？是贱其所欲而贵其所恶也，所欲奚自来？

——吕不韦　《吕氏春秋·贵直》

言极则怒，怒则说者危，非贤者孰肯犯危？而非贤者也，将以要利矣。要利之人，犯危何益？故不肖主无贤者。无闻则不闻极言，不闻极言则奸人比周，百邪悉起，若此则无以存矣。凡国之存也，主之安也，必有以也。不知所以，虽存必亡，虽安必危，所以不可不论也。

——吕不韦　《吕氏春秋·直谏》

人主之患，必在任人而不能用之，用之而与不知者议之也。绝江者托于船，致远者托于骥，霸王者托于贤。

——吕不韦　《吕氏春秋·知度》

不用近贤之谋而外结万乘之交于千里，飘风一旦起，则贲，育不及救，而外交不及至，祸莫大于此。

——韩非子　《韩非子·用人》

致治之本，惟在于审。量才授职，务省官员。故书称："任官惟贤才。"又云："官不必备，惟其人。"若得其善者，虽少亦足矣。其不善者，纵多亦奚为？古人亦以官不得其才，比于画地作饼，不可食也。诗曰："谋夫孔多，是用不就。"又孔子曰："官事不摄，焉得俭？"且"千羊之皮，不如一狐之腋"。此皆载在经典，不能具道。当须更并省官员，使得各当所任，则无为而治矣。

——吴　兢　《贞观政要·择官》

朕居深宫之中，视听不能及远，所委者惟都督，刺史，此辈实治乱所系，尤须得人。

——吴　兢　《贞观政要·择官》

致安之本，惟在得人。……前代明王使人如器，皆取士于当时，不借才于异代。……且何代无贤，但患遗而不知耳！

——吴　兢　《贞观政要·择官》

尊贤使能，俊杰在位，则天下之士皆悦，而愿立于其朝矣。

——孟　子　《孟子·公孙丑上》

是故以天下与人易，为天下得人难。

——孟　子　《孟子·滕文公上》

是以惟仁者宜在高位。不仁而在高位，是播其恶于众也。

——孟　子　《孟子·离娄上》

任贤之道，必审定其材术之有无，性行之虚实，然后随其嗜欲而任之，以见其志意之真伪也。

——鬼谷子　《鬼谷子·捭阖第一》

故远而亲者有阴德也，近而疏者志不合也，就而不用者策不得也，去而反求者事中来也。

——鬼谷子　《鬼谷子·内揵第三》

身定，国安，天下治，必贤人。……先王之索贤人无不以也，极卑极贱，极远极劳。

——吕不韦　《吕氏春秋·求人》

贤者善人以人，中人以事，不肖者以财。得十良马，不若得一伯乐；得十良剑，不若得一欧冶；得地千里，不若得一圣人。

——吕不韦　《吕氏春秋·赞能》

能安天下者，惟在用得贤才。

——吴　兢　《贞观政要·择官》

古人"内举不避亲，外举不避仇"，而为举得其真贤故也。但能举用得才，虽是子弟及有仇嫌，不得不举。

——吴　兢　《贞观政要·公平》

为政之要，惟在得人，用非其才，必难致治。今所任用，必须以德行，学识为本。

——吴　兢　《贞观政要·崇儒学》

无丑不能，无恶不知。丑不能，恶不知病矣，不丑不能，不恶不知尚矣。虽桀、纣犹有可畏可取者，而况于贤者乎？

——吕不韦　《吕氏春秋·用众》

靖康有李纲不用，而用黄潜善、汪伯彦；成淳有汪立信不用，而用贾似道；德祐有文天祥不用，而用陈宜中。然则宋不衰于金，自衰也，不亡于元，自亡也。

——冯梦龙　《智囊·明智部经务卷八》

君得臣而任使之，与言信，必顺其令，赦其过。任大臣多责焉，使尔臣无求辟焉。无以嗜欲贫其家，无亲谗人伤其心。家不外求而足，事君不因人而进，则臣和矣。

——晏　婴　《晏子春秋·景公问欲和臣亲下晏子
对以信顺俭节第二十六》

知者无不知也，当务之为急；仁者无不爱也，急亲贤之为务。

——孟　子　《孟子·尽心上》

千里迎贤，其路远，致不肖，其路近，是以明王舍近而取远，故能全功尚人，而下尽力。

——黄石公　《三略·下略》

凡举兵率师，以将为命，命在通达，不守一术，因能授职，各取所长，随时变化，以为纪纲。

——吕　尚　《六韬·龙韬·王翼》

故兵者，国之大事，存亡之道，命在于将。将者，国之辅，先王之所重也，故置将不可不察也。

——吕　尚　《六韬·龙韬·论将》

（武王问太公曰：王者举兵欲简练英雄，知士之高下，为之奈何？）太公曰：夫士外貌不与中情相应者十五；有贤而不肖者，有温良而为盗者，有貌恭敬而心慢者，有外廉谨而内无至诚者，有精精而无情者，有湛湛而无诚者，有好谋而不决者，有如果敢而不能者，有悾悾而不信者，有恍恍惚惚而反忠实者，有诡激而有功效者，有外勇而内怯者，有肃肃而反易人者，有嗃嗃而反静悫者，有势虚形劣而外出无所不至，无所不遂者。天下所贱，圣人所贵，凡人莫知，非有大明，不见其际，此士之外貌不与中情相应者也。

——吕　尚　《六韬·龙韬·选将》

太公曰：知之有八征：一曰问之以言以观其辞；二曰穷之以辞以观其变；三曰与之间谍以观其诚；四曰明白显问以观其德；五曰使之以财以观其廉；六曰试之以色以观其贞；七曰告之以难以观其勇；八曰醉之以酒以观其态。八征皆备，则贤与不肖别矣。

——吕　尚　《六韬·龙韬·选将》

观之以其游，说之以其行，君无以靡曼辩辞定其行，无以毁誉非议定其身，如此，则不为行以扬声，不掩欲以荣君。故通则视其所举，穷则视其所不为，富则视其所不取。夫上士，难进而易退也；其次，易进易退也；其下，易进难退也。以此数物者取人，其可乎！

——晏　婴　《晏子春秋·景公问善为国家者何如

晏子对以举贤官能第十三》

士之为人，当理不避其难，临患忘利，遗生行义，视死如归。有如此者，国君不得而友，天子不得而臣。大者定天下，其次定一国，必由如此人者也。故人主之欲大立功名者，不可不务求此人也。贤主劳于求人，而佚于治事。

——吕不韦　《吕氏春秋·士节》

（文王曰：慎择六守者何？）太公曰：富之而观其无犯；贵之而观其无骄；付之而观其无转；使之而观其无隐；危之而观其无恐；事之而观其无穷。富之而不犯者仁也；贵之而不骄者义也；付之而不转者忠也；使之而不隐者信也；危之而不恐者勇也；事之而不穷者谋也。

——吕　尚　《六韬·文韬·六守》

（文王问太公曰：王人者何上何下，何取何去，何禁何止？）

太公曰：王人者，上贤，下不肖，取诚信，去诈伪，禁暴乱，止奢侈。故王人者有"六贼"，"七害"。（文王曰：愿闻其道！）

太公曰：

夫六贼者：

一曰，臣有大作宫室池榭，游观倡乐者，伤王之德。

二曰，民有不事农桑，任气游侠，犯历法禁，不从吏教者，伤王之化。

三曰，臣有结朋党，蔽贤智，障明主者，伤王之权。

四曰，士有抗志高节，以气为势，外交诸侯，不重其主者，伤王之威。

五曰，臣有轻爵位，贱有司，羞为上犯难者，伤功臣之劳。

六曰，强宗侵夺，凌侮贫弱者，伤庶人之业。

七害者：

一曰，无智略权谋，而以重赏尊爵之故，强勇轻战，侥幸于外，王者慎勿使为将。

二曰，有名无实，出于异言，掩善扬恶，进退为巧，王者慎勿与谋。

三曰，朴其身躬，恶其衣服，语无为以求名，言无欲以求利，此伪人也，王者慎勿近。

四曰，奇其冠带，伟其衣服，博闻辩词，虚论高议，以为容美，穷居静处，而非时俗，此奸人也，王者慎勿宠。

五曰，谗佞苟得，以求官爵，果敢轻死，以贪禄秩，不图大事，贪利而动，以高谈虚论，说于人主，王者慎勿使。

六曰，为雕文刻镂，技巧华饰，而伤农事，王者必禁之。

七曰，伪方异技，巫蛊左道，不详之言，幻惑良民，王者必止之。

———吕　尚　《六韬·文韬·上贤》

（文王曰：举贤奈何？）太公曰：将相分职，而各以官名举人，按名督实，选才考能，令实当其名，名当其实，则得举贤之道也。

———吕　尚　《六韬·文韬·举贤》

太公曰：君以世俗之所誉者为贤，以世俗之所毁者为不肖，则多党者进，少党者退。若是，则群邪比周而蔽贤，忠臣死于无罪，奸臣以虚誉取爵位，是以乱世愈甚，则国不免于危亡。

——吕　尚　《六韬·文韬·举贤》

勇而轻死者可暴也，急而心速者可久也，贪而好利者可遗也，仁而不忍人者可劳也，智而心怯者可窘也，信而喜信人者可诳也，廉洁而不爱人者可侮也，智而心缓者可袭也，刚毅而自用者可事也，懦而喜任人者可欺也。

——吕　尚　《六韬·龙韬·论将》

比见吏部择人，惟取其言辞刀笔，不悉其景行。数年之后，恶跡始彰，虽加刑戮，而百姓已受其弊。

——吴　兢　《贞观政要·择官》

古人云，王者须为官择人，不可造次既用。朕今行一事，则为天下所观，出一言，则为天下所听，用得正人，为善者皆劝；误用恶人，不善者竞进。赏当其劳，无功者自退，罚当其罪，为恶者戒惧，故知赏罚不可轻行，用人弥须慎择。

——吴　兢　《贞观政要·择官》

不知战攻之策，不可以语敌；不能分移，不可以语奇；不通治乱，不可以语变。故曰：将不仁，则三军不亲；将不勇，则三军大倾；将不精微，则三军失其机；将不常戒，则三军失其备；将不强力，则三军失其职。故将者人之司命，三军与之俱治，与之俱乱。得贤将者兵强国昌；不得贤将者，兵弱国亡。

——吕　尚　《六韬·龙韬·奇兵》

民言有可以胜敌者，毋许其空言，必试其能战也。视人之地而有之，分人之民而畜之，必能内有其贤者也。不能内有其贤而欲有天下，必复军杀将。如此，虽战胜而国益弱，得地而国益贫，由国中之制弊也。

——尉缭子　《尉缭子·制谈》

使人大迷惑者，必物之相似也。玉人之所患，患石之似玉者；相剑者之所患，患剑之似吴干者；贤主之所患，患人之博闻辩言而似通者。亡国之主似智，亡国之臣似忠。相似之物，此愚者之所大惑，而圣人之所加虑也。

——吕不韦　《吕氏春秋·疑似》

凡兵有四机：一曰气机，二曰地机，三曰事机，四曰力机。……知此四者，乃可为将。然其威、德、仁、勇，必足以率下安众，师敌决疑。施令而下不敢犯，所在而寇不敢敌。得之国强，去之国亡。是谓良将。

——吴　起　《吴子·论将》

故将之所慎者五：一曰理，二曰备，三曰果，四曰戒，五曰约。理者，治众如治寡。备者，出门如见敌。果者，临敌不怀生。戒者，虽克如始战。约者，法令省而不烦。受命而不辞，破敌而后言返，将之礼也。故师出之日，有死之荣，无生之辱。

——吴　起　《吴子·论将》

自鬻者乐言己之长，自聩者乐言人之短。乐言己之长者不知己，乐言人之短者不知人。不知己者无所见，不知人者无所闻。无见者谓之瞽，无闻者谓之聩。人有耳目而见闻有所不及，恒思所以聪明之犹惧其蔽塞也，而况于自瞽自聩者乎。瞽且聩而以欺人曰"予知且能"，然而不丧者未之有也。

——刘伯温　《诚意伯文集·都离子·瞽聩》

故将有五危。必死可杀，必生可虏，忿速可侮，廉洁可辱，爱民可烦。凡此五者，将之过也，用兵之灾也。覆军杀将，必以五危，不可不察也。

——孙　武　《孙子·九变》

道家忌三世为将者，不可妄传也，不可不传也。

——阮　逸　《唐李问对·卷下》

第四节　驭人有道

厚其遇，故其报重；蓄其气，故其发猛。古名将用死士之力，往往一试而不再，亦一试而不必再也。

——冯梦龙　《智囊·兵智部制胜卷二十二》

故善附民者，是乃善用兵者也。

——荀　子　《荀子·议兵》

视卒如婴儿，故可与之赴深溪；视卒如爱子，故可与之俱死。厚而不能使，爱而不能令，乱而不能治，譬如骄子，不可用也。

——孙　武　《孙子·地形》

投之亡地然后存，陷之死地然后生。夫众陷于害，然后能为胜败。

——孙　武　《孙子·九地》

见其虚则进，见其实则止，勿以三军为众而轻敌，勿以受命为重而必死，勿以身贵而贱人，勿以独见而违众，勿以辩说为必然。士未坐勿坐，士未食勿食，寒暑必同。如此，士卒必尽其死力。

——吕　尚　《六韬·龙韬·立将》

教得其道，则士乐为用；教不得法，虽朝督暮责，无益于事矣。

——阮　逸　《唐李问对·卷上》

将之所以为威者，号令也。战之所以全胜者，军政也。士之所以轻战者，用命也。故将无还令，赏罚必信，如天如地，乃可御人。

——黄石公　《三略·上略》

夫统军持势者，将也。制胜破敌者，众也。故乱将不可使保军，乖众不可使伐人。

——黄石公　《三略·上略》

良将之统军也，恕己而治人。推惠施恩，士力日新，战如风发，攻如河决。故其众可望而不可当，可下而不可胜。以身先人，故其兵为天下雄。

——黄石公　《三略·上略》

军以赏为表，以罚为里。赏罚明，则将威行。官人得，则士卒服。

所任贤，则敌国震。

——黄石公　《三略·上略》

贤者所适，其前无敌。故士可下而不可骄，将可乐而不可忧，谋可深而不可疑。士骄则下不顺，将忧则内外不相信，谋疑则敌国奋。以此攻伐，则致乱。夫将者，国之命也。将能制胜，则国家安定。

——黄石公　《三略·上略》

将者能思士如渴，则策从焉。夫将拒谏，则英雄散。策不从，则谋士叛。善恶同，则功臣倦。专己，则下归咎。自伐，则下少功。信谗，则众离心。贪财，则奸不禁。内顾，则士卒淫。将有一，则众不服，有二，则军无式。有三，则下奔北。有四，则祸及国。

——黄石公　《三略·上略》

将谋欲密，士众欲一，攻敌欲疾。将谋密，则奸心闭。士众一，则军心结，攻敌疾，则备不及设。军有此三者，则计不夺。

——黄石公　《三略·上略》

香饵之下，必有悬鱼；重赏之下，必有死夫。

——黄石公　《三略·上略》

兴师之国，务先隆恩。攻取之国，务先养民。以寡胜众者，恩也。以弱胜强者，民也。故良将之养士，不易于身，故能使三军如一心，则其胜可全。

——黄石公　《三略·上略》

是以一人投命，足惧千夫。广臣以五万之众，而为一死贼，率以讨之，固难敌矣。

——吴 起 《吴子·励士》

百万之人不用命，不如万人之斗也。万人之斗不用命，不如百人之奋也。赏如日月，信如四时，令如斧钺，制如干将，士卒不用命者，未之有也。

——尉缭子 《尉缭子·兵令下》

夫人常死其所不能，败其所不便。故用兵之法，教戒为先。

——吴 起 《吴子·治兵》

夫勤劳之师，将不先己。暑不张盖，寒不重衣，险必下步，军井成而后饮，军食熟而后饭，军垒成而后舍，劳佚必以身同之。如此，师虽久而不老不弊。

——尉缭子 《尉缭子·战威》

凡治国治军，必教之以礼，励之以义，使有耻也。夫人有耻，在大足以战，在小足以守矣。然战胜易，守胜难。

——吴 起 《吴子·图国》

夫将帅者，必与士卒同滋味而共安危，敌乃可加，故兵有全胜，敌有全囚。……与之安，与之危，故其众可合而不可离，可用而不可疲，以其恩素蓄，谋素和也。故曰：蓄恩不倦，以一取万。

——黄石公 《三略·上略》

夫能刑上究，赏下流，此将之武也，故人主重将。

——尉缭子 《尉缭子·武议》

夫民无两畏也。畏我侮敌，畏敌侮我。见侮者败，立威者胜。凡将能其道者，吏畏其将也；吏畏其将者，民畏其吏也；民畏其吏者，敌畏其民也，是故知胜败之道者，必先知畏侮之权。夫不爱说其心者，不我用也；不严畏其心者，不我举也。爱在下顺，威在上立，爱故不二，威故不犯。故善将者，爱与威而已。

——尉缭子 《尉缭子·攻权》

凡战：以力久，以气胜。以固久，以危胜，本心固，新气胜。

——《司马法·严位》

几胜，三军一人，胜。

——《司马法·严位》

战胜在乎主威，主威在乎戮力，戮力在乎正罚。正罚者，所以明赏也。令民背国门之限，决死生之分，教之死而不疑者，有以也。

——尉缭子 《尉缭子·兵教上》

令守者必固，战者必斗，奸谋不作，奸民不语，令行无变，兵行无猜，轻者若霆，奋敌若惊。举功别德，明如白黑，令民从上令。如四支应心也。

——尉缭子 《尉缭子·兵教上》

前军绝行乱阵，破坚如溃者，有以也。此谓之兵教。所以开封疆，守社稷，除患害，成武德也。

——尉缭子　《尉缭子·兵教上》

兵有五致：为将忘家，踰垠忘亲，指敌忘身，必死则生，急胜为下。百人被刃，陷行乱阵。千人被刃，擒敌杀将。万人被刃，横行天下。

——尉缭子　《尉缭子·兵教下》

凡兵，制必先定。制先定，则士不乱，士不乱，则刑乃明。金鼓所指，则百人尽斗。陷行乱阵，则千人尽斗。复军杀将，则万人齐刃，天下莫能当其战矣。

——尉缭子　《尉缭子·制谈》

号令明，法制审，故能使之前。明赏于前，决罚于后，是以发能中利，动则有功。

——尉缭子　《尉缝子·制谈》

一贼仗剑击于市，万人无不避之者。臣谓非一人之独勇万人皆不肖也。何则？必死与必生固不侔也。听臣之术，足使三军之众为一死贼，莫当其前，莫随其后，而能独出独入焉。独出独入，王霸之兵也。

——尉缭子　《尉缭子·制谈》

便我器用，养吾武勇，发之如鸟击，如赴千仞之谿。

——尉缭子　《尉缭子·制谈》

然诡道可使由之，不可使知之。

——阮　逸　《唐李问对·卷下》

位尊者其教受，威立者其奸止，此畜人之道也。

——吕不韦　《吕氏春秋·慎势》

"卒未亲附而罚之，则不服；已亲附而罚不行，则不可用。"此言凡将先有爱结于士，然后可以严刑也；若爱未加而独用峻法，鲜克济焉。

——阮　逸　《唐李问对·卷中》

爱设于先，威设于后，不可反是也。若威加于前，爱救于后，无益于事矣。

——阮　逸　《唐李问对·卷中》

凡兵战之场，立尸之地，必死则生，幸生则死。其善将者，如坐漏船之中，伏烧屋之下，使智者不及谋，勇者不及怒，受敌可也。故曰：用兵之害，犹豫最大。三军之灾生于狐疑。

——吴　起　《吴子·治兵》

第五节　专一则胜

故能以一听政者，乐君臣，和远近，说黔首，合宗亲。能以一治其身者，免于灾，终其寿，全其天。能以一治其国者，奸邪去，贤者至，成大化。能以一治天下者，寒暑适，风雨时，为圣人。故知一则明，明两则狂。

——吕不韦 《吕氏春秋·大乐》

人主之患，在莫之应，故曰：一手独拍，虽疾无声。人臣之忧，在不得一，故曰：右手画圆，左手画方，不能两成。

——韩 非 《韩非子·功名》

上壹则信，信则臣不敢为邪。

——商 鞅 《商君书·垦令》

人情欲生而恶死，欲荣而恶辱。死生荣辱之道一，则三军之士可使一心矣。

——吕不韦 《吕氏春秋·论威》

凡军欲其众也，心欲其一也，三军一心则令可使无敌矣。令能无敌者，其兵之于天下也亦无敌矣。

——吕不韦 《吕氏春秋·论威》

有金鼓所以一耳也；同法令所以一心也；智者不得巧，愚者不得拙，所以一众也；勇者不得先，惧者不得后，所以一力也。故一则治，异则乱；一则安，异则危。夫能齐万不同，愚智工拙，皆尽力竭能，如出乎一穴者，其唯圣人矣乎！无术之智，不教之能，而恃强速贯习，不足以成也。

——吕不韦 《吕氏春秋·不二》

凡兵之道莫过乎一，一者能独往独来。

——吕　尚　《六韬·文韬·兵道》

刑上极，赏下通，是将威之所行也。

——吕　尚　《六韬·龙韬·将威》

军中之事，不闻君命，皆由将出，临敌决战，无有二心。若此，则无天于上，无地于下，无敌于前，无君于后。是故智者为之谋，勇者为之斗，气厉青云，疾若驰骛，兵不接刃，而敌降服……

——吕　尚　《六韬·龙韬·立将》

出军行师，将在自专，进退内御，则功难成。

——黄石公　《三略·中略》

臣闻国不可从外治，军不可从中御。二心不可以事君，疑志不可以应敌。臣既受命专斧钺之威，臣不敢生还。愿君亦垂一言之命于臣！君不许臣，臣不敢将。

——吕　尚　《六韬·龙韬·立将》

将者，上不制于天，下不制于地，中不制于人。宽不可激而怒，清不可事以财。

——尉缭子　《尉缭子·兵谈》

专一则胜，离散则败。陈以密则固，锋以疏则达。……安静则治，暴疾则乱。

——尉缭子　《尉缭子·兵令上》

一家二贵，事乃无功，夫妻持政，子无适从。

——韩　非　《韩非子·扬权》

欲治其内，置而勿亲，欲治其外，官置一人。

——韩　非　《韩非子·扬权》

夫将者，上不制于天，下不制于地，中不制于人。故兵者，凶器也；争者，逆德也；将者，死官也。故不得已而用之。无天于上，无地于下，无主于后，无敌于前。一人之兵，如狼如虎，如风如雨，如雷如霆，震震冥冥，天下皆惊。胜兵似水，夫水至柔弱者也，然所触丘陵必为之崩，无异也，性专而触诚也。

——尉缭子　《尉缭子·武议》

第六章　进退取舍篇

第一节　循序渐进

察于先后之理，则兵出而不困；通于出入之度，则深入而不危，审于动静之务，则功得而无害；著于取予之分，则得地而不执。

——管　仲　《管子·幼官》

凡挟义而战者，贵从我起，争私结怨，应不得已。怨结虽起，待之贵后，故争必当待之，息必当备之。

——尉缭子　《尉缭子·攻权》

将欲歙之，必固张之；将欲弱之，必固强之；将欲废之，必固兴之；将欲夺之，必固与之。

——《老子》

此量敌而后进，虑胜而后会者。

——《六十四卦经解·师》

端末未见，人莫能知。天地神明，与物推移，变动无常。因敌转化，不为事先，动而辄随。故能图制无强，扶成天威，匡正八极，密定九夷。如此谋者，为帝王师。

——黄石公　《三略·上略》

内止外顺，其进渐……天下事动而躁则邪，静而顺则正。渐则进而得乎贵位，故行有功。进以正，则得位。

——《易经增注·下经·渐》注

分险者无战心，挑战者无全气，斗战者无胜兵。

——尉缭子　《尉缭子·攻权》

兵法曰：千人而成权（权即权谋、谋略），万人而成武。权先加人者，敌不力矣，武先加人者，敌无威接，故兵贵先。……夫精诚在乎神明，战权在乎道之所极。有者无之，无者有之，安所信之。

——尉缭子　《尉缭子·战权》

欲利而身，先利而君；欲富而家，先富而国。

——韩　非　《韩非子·外储说右下》

凡主有识，言不欲先。人唱我和，人先我随。以其出为之入，以其言为之名，取其实以责其名，则说者不敢妄言，而人主之所执其要矣。

——吕不韦　《吕氏春秋·审应》

其进锐者，其退速。

——孟　子　《孟子·尽心上》

第二节　因、势、地

凡兵，贵其因也，因也者，因敌之险以为己固，因敌之谋以为己事，能审因而加胜，则不可穷矣。

——吕不韦　《吕氏春秋·决胜》

敌之害大，就势取利。刚决柔也。

——《三十六计·胜战计·趁火打劫》

敌动伺之，敌近备之，敌强下之，敌佚去之，敌陵待之，敌暴绥之，敌悖义之，敌睦携之，顺举挫之，因势破之，放言过之，四纲罗之。

——黄石公　《三略·上略》

凡夺者无气，恐者不守，可败者无人，兵无道也。意往而不疑则从之，夺敌而无前则加之，明视而高居则威之。兵道极矣。

——尉缭子　《尉缭子·战权》

凭险者固，恃险者亡。

——冯梦龙　《智囊·兵智部武案卷二十四》

凡处军相敌，绝山依谷，视生处高，战隆无登，此处山之军也。

绝水必远水；客绝水而来，勿迎之于水内，令半济而击之，利；欲战者，无附于水而迎客；视生处高，无迎水流，此处水上之军也。绝斥泽，唯亟去无留；若交军于斥泽之中，必依水草而背众树，此处斥泽之军也。平陆处易而右背高，前死后生，此处平陆之军也。凡此四军之利，黄帝之所以胜四帝也。

——孙　武　《孙子·行军》

凡军好高而恶下，贵阳而贱阴，养生而处实，军无百疾，是谓必胜。丘陵堤防，必处其阳而右背之，此兵之利，地之助也。上雨，水沫至，欲涉者，待其定也。

——孙　武　《孙子·行军》

地形有通者，有挂者，有支者，有隘者，有险者，有远者。我可以往，彼可以来，曰通；通形者，先居高阳，利粮道，以战则利。可以往，难以返，曰挂；挂形者，敌无备，出而胜之；敌若有备，出而不胜，难以返，不利。我出而不利，彼出而不利，曰支；支形者，敌虽利我，我无出也；引而去之，令敌半出而击之，利。隘形者，我先居之，必盈之以待敌；若敌先居之，盈而勿从，不盈而从之。险形者，我先居之，必居高阳以待敌；若敌先居之，引而去之，勿从也。远形者，势均难以挑战，战而不利。凡此六者，地之道也，将之至任，不可不察也。

——孙　武　《孙子·地形》

分兵用其计，合兵用其锐。

——冯梦龙　《智囊·兵智部武案卷二十四》

失之乎数，求之乎信，疑。失之乎势，求之乎国，危。吞舟之鱼，陆处则不胜蝼蚁。权钧则不能相使，势等则不能相并，治乱齐则不能相正，故小大，轻重，少多，治乱不可不察，此祸福之门也。

——吕不韦 《吕氏春秋·慎势》

王也者，势也，王也者，势无敌也。势有敌则王者废矣。

——吕不韦 《吕氏春秋·慎势》

夫地形者，兵之助也。料敌制胜，计险厄远近，上将之道也。知此而用战者必胜，不知此而用战者必败。

——孙 武 《孙子·地形》

是故散地则无战，轻地则无止，争地则无攻，交地则无绝，衢地则合交，重地则掠，圮地则行，围地则谋，死地则战。

——孙 武 《孙子·九地》

是故不知诸侯之谋者，不能预交；不知山林、险阻、沮泽之形者，不能行军；不用乡导者，不能得地利。

——孙 武 《孙子·九地》

禹之治水，水之道也，是故禹以四海为壑。

——孟 子 《孟子·告子下》

借局布势，力小势大。鸿渐于阿，其羽可用为仪也。

——《三十六计·并战计·树上开花》

此树本无花，而树则可以有花。剪彩贴之，不细察者不易觉。使花与树交相辉映，而成玲珑全局也。此盖布精兵于友军之阵，完其势以威敌也。

——《三十六计·并战计·树上开花》按

存其形，完其势；友不疑，敌不动。巽而止，《蛊》。

——《三十六计·混战计·金蝉脱壳》

共友击敌，坐观其势。倘另有一敌，则须去而存势。则金蝉脱壳者，非徒走也，盖为分身之法也。

——《三十六计·混战计·金蝉脱壳》按

乘其阴乱，利其弱而无主。《随》，以向晦入宴息。

——《三十六计·混战计·混水摸鱼》

假地用兵之举，非巧言可诳，必其势不受一方之胁从，则将受双方之夹击。如此境况之际，敌必迫之认威，我则诳之认不害，利其幸存之心，速得全势。彼将不能自阵，故不战而灭之矣。

——《三十六计·混战计·假道伐虢》按

形禁势格，利从近取，害以远隔。上火下泽。

——《三十六计·混战计·远交近攻》

混战之局，纵横捭阖之中，各自取利。远不可攻，而可以利相结；近者交之，反使变生肘腋。

——《三十六计·混战计·远交近攻》按

若攻坚，则自取败亡矣，敌既得地利，则不可争其地，且敌有主而势大，有主则非利不来趋，势大则非天人合用不能胜。

——《三十六计·攻战计·调虎离山》按

兵强将智，不可以敌，势必事之。

——《三十六计·败战计·美人计》按

虚虚实实，兵无常势。

——《三十六计·败战计·空城计》按

动荡之际，数力冲撞，弱者依违无主，散蔽而不察，我随而取之。

——《三十六计·混战计·混水摸鱼》按

不敌其力，而消其势，兑下乾上之象。

——《三十六计·混战计·釜底抽薪》

夫有材而无势，虽贤不能制不肖。故立尺材于高山之上，下临千仞之谿，材非长也，位高也。

——韩　非　《韩非子·功名》

激水之疾，至于漂石者，势也。鸷鸟之疾，至于毁折者，节也。是故善战者，其势险，其节短，势如彍弩，节如发机。

——孙　武　《孙子·兵势》

夫树国必审相疑之势，下数被其殃，上数爽其忧。

——贾　谊　《贾谊集·藩伤》

强大未必王也，而王必强大。王者之所藉以成也何？藉其威与其利。非强大则其威不威，其利不利。其威不威则不足以禁也，其利不利则不足以劝也。故贤主必使其威利无敌。

——吕不韦　《吕氏春秋·壹行》

混战之局，纵横捭阖之中，各自取利。远不可攻，而可以利相结；近者交之，反使变生肘腋。

——《三十六计·混战计·远交近攻》按

知斗则修备，时用则知物。……则万货之情可得而观矣。

——范　蠡　《史记·货殖列传》

夫善用本者，若以身济于大海。观风之所起，天下高则高，天下下则下。天下高我下，则财利税于天下矣。

——管　仲　《管子·地数篇》

君子之生于世也，为其所可为，不为其所不可为而已。

——刘伯温　《诚意伯文集·郁离子·千里马》

"我不欲战者，画地而守之，敌不得与我战者，乖其所之也。"敌有人焉，则交绥之间，未可图也，故曰不战在我。夫必战在敌者，孙武云："善动敌者，形之，敌必从之；予之，敌必取之；以利动之，以本待之。"使无人焉，则必来战，吾得以乘而破之。故曰必战者在敌。

——阮　逸　《唐李问对·卷下》

王不如远交而近攻，得寸则王之寸，得尺则王之尺也。今舍此而远攻，不亦谬乎。

——范　雎　《史记·范雎蔡泽列传》

中流一壶，千金争挈。宁为铅刀，毋为楮叶。错节盘根，利器斯别。识时务者，呼为俊杰。

——冯梦龙·《智囊·明智部经务卷八》

（武侯问曰："若敌众我寡，为之奈何？"）起对曰："避之于易，邀之于阨。"故曰：以一击十，莫善于阨；以十击百，莫善于险；以千击万，莫善于阻。……故曰：用众者务易，用少者务隘。

——吴　起　《吴子·应变》

若我众彼寡，各分而乘之，彼众我寡，以方从之。从之无息，虽众可服。

——吴　起　《吴子·应变》

世无常贵，事无常师。

——鬼谷子　《鬼谷子·忤合第六》

用之天下，必量天下而与之；用之国，必量国而与之；用之家，必量家而与之；用之身，必量身、材能、气势而与之。大小，进退，其用一也。

——鬼谷子　《鬼谷子·忤合第六》

攻者不下十余万之众，其有必救之军者，则有必守之城；无必救之军者，则无必守之城。

——尉缭子　《尉缭子·守权》

十万之军顿于城下，救必开之，守必出之，据要塞。

——尉缭子　《尉缭子·守权》

凡守者，进不郭圉，退不亭障，以御战，非善者也。

——尉缭子　《尉缭子·守权》

圣人之法也，攻是守之机，守是攻之策，同归于胜而已矣。若攻不知守，守不知攻，不惟二其事，抑又二其官。虽口诵孙，吴而心不思妙，攻守两齐之说，其孰能知其然哉。

——阮　逸　《唐李问对·卷下》

夫高鸟死，良弓藏，敌国灭，谋臣亡。亡者，非表其身也，谓夺其威废其权也。……夫人众一合而不可卒离，威权一与而不可卒移。还师罢军，存亡之阶。故弱之以位。夺之以国，是谓霸者之略。

——黄石公　《三略·中略》

无借人国柄，借人国柄则失其权。……无借人利器，借人利器则为人所害，而不终其正也。……无使人夺汝威，因其明，顺其常。顺者任之以德，逆者绝之以力，敬之勿疑，天下和服。

——吕　尚　《六韬·文韬·守土》

是以圣人居天地之间，立身，御世，施教，扬声，明名也，必因事物之会，观天时之宜，因之所多，所少，以此先知之，与之转化。

——鬼谷子　《鬼谷子·飞箝第五》

第三节　引而不发

引而不发，跃如也。

——孟　子　《孟子·尽心上》

将军欲以巧服人，盘马弯弓惜不发。

——韩　愈　《昌黎先生集·雉带箭》

故去之者纵之，纵之者乘之。

——鬼谷子　《鬼谷子·谋篇第十》

所谓纵者，非放之也，随之，而稍松之耳。"穷寇勿追"，亦即此意。盖不追者，非不随也，不追之而已，武侯之七纵七擒，即纵而蹑之，故展转推进，至于不毛之地。武侯之七纵，其意在拓地，在借孟获以服诸蛮，非兵法也。若论战，则擒者不可复纵。

——《三十六计·敌战计·欲擒故纵》按

大匠不为拙工改废绳墨，羿不为拙射变其彀率。君子引而不发，跃如也。中道而立，能者从之。

——孟　子　《孟子·尽心上》

第四节　以退为进

尺蠖之屈，以求伸也。

——《周易·系辞下》

请问退处，曰：昔乎颜渊以退为进，以天下鲜俪焉。

——扬　雄　《法言·君子》

左次乃退舍之谓也，此说得之。盖善师者不必战，以守为战，亦战也；善战者不必进，以退为进，亦进也。

——程子渭　《诚斋易传师》

今其众新盛，难与争锋，兵不厌权，愿宽假辔策，勿令有拘阂而已。

——虞　诩　《后汉书·虞诩传》

足之行也，就高难，就卑易，水之流也，难于上，易于下。人之情亦犹是也。鹰善击也，然日击之则疲而无全翼矣，骥善驰也，然日驰之则蹶而无全蹄矣。

——慎　子　《慎子·外篇》

善为士者不武，善战者不怒，善胜敌者不与，善用人者为之下。

——老　子

敌势全胜，我不能战，则必降，必和，必走。降则全败，和则半败，走则未败。未败者，胜之转机也。

——《三十六计·败战计·走为上》按

将多兵众，不可以敌，使其自累，以杀其势。在师中吉，承天宠也。

——《三十六计·败战计·连环计》

假伴不知而实知，假作不为而实不可为，或将有作为。

——《三十六计·并战计·假痴不癫》按

势必有损，损阴以益阳。

——《三十六计·敌战计·李代桃僵》

第五节　走为上

檀公（檀道济）三十六策，走为上计。

——王敬则　《南齐书·王敬则传》

凡与敌战，若敌众我寡，地形而利，力不可争，当急退以避之，可以全军。法曰：知难而退。

——《百战奇略·退战》

四邻之助，大国之援，凡此不如敌人，避之勿疑；所谓见可而进，知难而退也。

——吴　起　《吴子·料敌》

不胜速走，……退还务速。

——吴　起　《吴子·应变》

全师避敌，左次无咎，未失常也。

——《三十六计·败战计·走为上》

即战在可胜可败之间，亦不必战，其权其避之者，正欲需其时，而不为退避者也。

——《草庐经略·避实》

避而有所全，则避也。

——《兵法圆机·利》

敌坚则移。

——《兵法圆机·移》

实则斗，虚则走。

——《淮南子·兵略训》

攻胜则利不胜取。取小遗大；卒之利，将之累，帅之害，攻之亏也。全胜而不摧坚擒王，是纵虎归山也。

——《三十六计·敌战计·擒贼擒王》按

第六节　见机而作

见机而作，何晚之有，功成不拘，何抱之久，行此二者可以化天下。

——鬼谷子　《鬼谷子·摩篇第八》

不察则失之于机，故不可不察。

——鬼谷子　《鬼谷子·反应第二》

务具其备而慎守其时。以备待时，以时兴事，时至而举兵。

——管　仲　《管子·霸言》

宇宙一活局耳，执方引经之徒，胶一实以御百虚，知形而不知情，知理而不知数，知用而不知机，成败得失，介在呼吸，弗能转也。咨嗟愤惜，而善其后，不既晚乎？

——冯梦龙　《智囊·自叙》

暴寇之来，必虑其强，善守勿应，彼将暮去，其装必重，其心必恐，还退务速，必有不属。追而击之，其兵可覆。

——吴　起　《吴子·应变》

凡战，众寡以观其变。进退以观其固，危而观其惧，静而观其怠，动而观其疑，袭而观其治。击其疑，加其卒，致其屈。袭其规，因其不避，阻其图，夺其虑，乘其惧。

——《司马法·用众》

敌若绝水，半渡而薄之。

——吴　起　《吴子·应变》

大军动处，其隙甚多；乘间取利，不必以战。胜固可用，败亦可用。

——《三十六计·敌战计·顺手牵羊》按

阳乖序乱，阴以待逆。暴戾恣睢，其势自毙。顺以动豫，豫顺以动。

——《三十六计·敌战计·隔岸观火》

以少击众者，必以日之暮，伏于深草，要之隘路；以弱击强者，必得大国之与，邻国之助。

——吕　尚　《六韬·豹韬·少众》

夫欲击者，当审察敌人十四变，变见则击之，敌人必败。……敌人新集可击；人马未食可击；天时不顺可击；地形未得可击；奔走可击；不戒可击；疲劳可击；将离士卒可击；涉长路可击；济水可击；不暇可击；阻难狭路可击；乱行可击；心师可击。

——吕　尚　《六韬·犬韬·武锋》

高祖犹不悟，曰："彼无兵焉复何能为？"胄曰："兵马悉他家物，一先下手，大事便去。胄不辞死，死何益耶？"

——元　胄　《北史·元胄传》

见利宜疾，未利则止，取利乘时，间不容息。先之一刻则太过，后之一刻则失时也。

——《登坛必究·叙战》

敌志乱萃，不虞，坤下兑上之象，利其不自主而取之。

——《三十六计·胜战计·声东击西》

疑以叩实，察而后动；复者，阴之媒也。

——《三十六计·攻战计·打草惊蛇》

敌力不露，阴谋深沉，未可轻进，应遍探其锋。

——《三十六计·攻战计·打草惊蛇》按

微隙在所必乘，微利在所必得。少阴，少阳。

——《三十六计·敌战计·顺手牵羊》

圣人之于事，似缓而急，似迟而速以待时。

——吕不韦　《吕氏春秋·首时》

兵胜之术，密察敌人之机而速乘其利，复疾击其不意。

——吕　尚　《六韬·文韬·兵道》

第七章　计策篇

第一节　深不可测

善用兵者，先为不可测，则敌乖其所之也。

——阮　逸　《唐李问对·卷上》

虚者虚之，疑中生疑；刚柔之际，奇而复奇。

——《三十六计·败战计·空城计》

连环计者，其结在使敌自累，而后图之。

——《三十六计·败战计·连环计》按

敌害在内，则劫其地；敌害在外，则劫其民；内外交害，则劫其国。

——《三十六计·胜战计·趁火打劫》按

计利以听，乃为之势，以佐其外。势者，因利而制权也。兵者，诡道也。故能而示之不能，用而示之不用，近而示之远，远而示之近。利而诱之，乱而取之，实而备之，强而避之，怒而挠之，卑而骄之，佚而劳之，亲而离之，攻其无备，出其不意。此兵家之胜，不可先传也。

虚实秘者，兵之体也。

——尉缭子　《尉缭子·兵令下》

夫用兵，识虚实之势，则无不胜焉。

——阮　逸　《唐李问对·卷中》

帅与之期，如登高而去其梯。

——孙　武　《孙子·九地》

故形人而我无形，则我专而敌分。我专为一，敌分为十，是以十攻其一也，则我众敌寡。能以众击寡者，则吾之所与战者约矣。吾所与战之地不可知，不可知则敌所备者多，敌所备者多则吾所与战者寡矣。故备前则后寡，备后则前寡，备左则右寡，备右则左寡，无所不备，则无所不寡。寡者，备人者也；众者，使人备己者也。

——孙　武　《孙子·虚实》

故形兵之极，至于无形。无形，则深间不能窥，智者不能谋。因形而错胜于众，众不能知，人皆知我所以胜之形，而莫知吾所以制胜之形。故其战胜不复，而应形于无穷。

——孙　武　《孙子·虚实》

故善用兵者，譬如率然。率然者，常山之蛇也，击其首则尾至，击其尾则首至，击其中则首尾俱至。

——孙　武　《孙子·九地》

第二节　出奇制胜

夫与人斗，不扼其亢，拊其背，未能全胜。

——娄　敬　《汉书·娄敬传》

兵强者，攻其将；将智者，伐其情。将弱兵颓，其势自萎。利用御寇，顺相保也。

——《三十六计·败战计·美人计》

用兵必须审敌虚实而趋其危。

——吴　起　《吴子·料敌》

故用兵之法，高陵勿向，背丘勿逆，佯北勿从，锐卒勿攻，饵兵勿食，归师勿遏，围师必阙，穷寇勿迫。此用兵之法也。

——孙　武　《孙子·军争》

是故智者之虑，必杂于利害。杂于利而务可信也，杂于害而患可解也。

——孙　武　《孙子·九变》

昭烈之伐吴，苻坚之寇晋，皆倾国之兵也。然昭烈之谋狯，故宜静以待之；苻坚之气骄，故宜急以挫之。狯谋穷则敌困，骄气挫则敌衰，所以虽众无所用之也。

——冯梦龙　《智囊·兵智部制胜卷二十二》

凡战，击其微静，避其强静；击其疲劳，避其闲窕；击其大惧，避其小惧，自古之政也。

——《司马法·严位》

出其所必趋，趋其所不意。行千里而不劳者，行于无人之地也。攻而必取者，攻其所不守也。守而必固者，守其所不攻也。故善攻者，敌不知其所守。善守者，敌不知其所攻。微乎微乎，至于无形。神乎神乎，至于无声，故能为敌之司命。

——孙　武　《孙子·虚实》

进而不可御者，冲其虚也；退而不可追者，速而不可及也。故我欲战，敌虽高垒深沟，不得不与我战者，攻其所必救也；我不欲战，画地而守之，敌不得与我战者，乘其所之也。

——孙　武　《孙子·虚实》

敌与敌对，捣强敌之虚，以败其将成之功也。

——《三十六计·混战计·釜底抽薪》按

摧其坚，夺其魁，以解其体。龙战于野，其道穷也。

——《三十六计·敌战计·擒贼擒王》

小敌困之，《剥》不利有攸往。

——《三十六计·混战计·关门捉贼》

捉贼而必关门，非恐其逸也，恐其逸而为他人所得也，且逸者不可复追，恐其诱也。贼者，奇兵也，游兵也，所以劳我者也。

——《三十六计·混战计·关门捉贼》按

频更其阵，抽其劲旅，待其自败，而后乘之，曳其轮也。

——《三十六计·并战计·偷梁换柱》

阵有纵横，天衡为梁，地轴之柱。梁柱认精兵为之，故观其阵，则知其精兵之所在。共战他敌时，频更其阵，暗中抽换其精兵，或竟代其为梁柱，势成阵塌，遂兼其兵。并此敌以击他敌之首策也。

——《三十六计·并战计·偷梁换柱》按

夫兵形象水。水之形避高而趋下，兵之形避实而击虚。水因地而制流，兵因敌而制胜。故兵无常势，水无常形，能因敌变化而取胜者，谓之神。

——孙　武　《孙子·虚实》

故以汤止沸，沸乃不止，诚知其本，则去火而已矣。

——《淮南子·本经训》

古之善用兵者，能使敌人前后不相及，众寡不相恃，贵贱不相救，上下不相收，卒离而不集，兵合而不齐。合于利而动，不合于利而止，敢问："敌众整而将来，待之若何？"曰："先夺其所爱，则听矣。"兵之情主速，乘人之不及，由不虞之道，攻其所不戒也。

——孙　武　《孙子·九地》

是故政举之日，夷关折符，无通其使，厉于廊庙之上，以诛其事。敌人开阖，必亟入之。先其所爱，微与之期。践墨随敌，以决战事。是故始如处女，敌人开户；后如脱兔，敌不及拒。

——孙　武　《孙子·九地》

三军可夺气，将军可夺心。是故朝气锐，昼气惰，暮气归。故善用兵者，避其锐气，击其惰归，此治气者也。以治待乱，以静待哗，此治心者也。以近待远，以佚待劳，以饱待饥，此治力者也。无邀正正之旗，勿击堂堂之阵，此治变者也。

——孙　武　《孙子·军争》

气犹火也，挑之则发，去其薪则自熄，可以弭乱，可以息争。

——冯梦龙　《智囊·上智部道简卷三》

法曰："佯北勿追。"又曰："能而示之不能。"皆奇之谓也。

——阮　逸　《唐李问对·卷上》

若非正兵变为奇，奇兵变为正，则安能胜哉！故善用兵者，奇正在人而已。变而神之，所以推乎天也。

——阮　逸　《唐李问对·卷上》

临时制变者不可胜穷也。

——阮　逸　《唐李问对·卷上》

吾之正，使敌视以为奇，吾之奇，使敌视以为正，斯所谓形人者欤！以奇为正，以正为奇，变化莫测，斯所谓无形者欤！

——阮　逸　《唐李问对·卷上》

善用兵者，无不正，无不奇，使敌莫测，故正亦胜，奇亦胜。

——阮　逸　《唐李问对·卷上》

故形之者，以奇示敌，非吾正也；胜之者，以正击敌，非吾奇也，此为奇正相变。

——阮　逸　《唐李问对·卷中》

……其正如山，其奇如雷，敌虽对面，莫测吾奇正所在。至此，夫何形之有焉。

——阮　逸　《唐李问对·卷中》

兵家胜败，情状万殊，不可以一事推也。

——阮　逸　《唐李问对·卷中》

游兵者，谓其无定在也，必士果锐而骑超捷，将勇悍而善迎变。时而东，复时而西；时而出，复时而入。敌怒而迎，我引而退；敌倦而息，我临而扰。击其左，击其右，击其前，复击其后，击其懈驰而无备，仓卒难救。抄其谷食，焚其积聚，劫其辎重，袭其要城，取其别营，绝其便道；或朝或暮，伺敌之隙，乘间取利。飘忽迅速，莫可踪迹；于我为军之声援，于敌为彼之后患。夫使贼腹背均患，进退维谷，则不难于剪除，全胜之策，是一道也。

——《草庐经略·游兵》

伺敌之隙，乘间取利。

——《草庐经略·游兵》

奇出于正，无正则不能出奇。不明修栈道，则不能暗度陈仓。

——《三十六计·敌战计·暗度陈仓》按

奇正者，所以致敌之虚实也。敌实，则我必以正；敌虚，则我必为奇。苟将不知奇正，则虽知敌虚实，安能致之哉！

——阮　逸　《唐李问对·卷中》

以奇为正者，敌意其奇，则吾正击之；以正为奇者，敌意其正，则吾奇击之；使敌势常虚，我势常实。

——阮　逸　《唐李问对·卷中》

凡将正而无奇，则守将也；奇而无正，则斗将也；奇正皆得，国之辅也。是故握机握奇，本无二法，在学者兼通而已。

——阮　逸　《唐李问对·卷上》

兵行敌所不敢行，强。事行敌所羞为，利。

——商　鞅　《商君书·去强》

凡战者，以正合，以奇胜。故善出奇者，无穷如天地，不竭如江河。终而复始，日月是也。死而复生，四时是也。声不过五，五声之变不可胜听也。色不过五，五色之变不可胜观也。味不过五，五味之变不可胜尝也。战势不过奇正，奇正之变不可胜穷也。奇正相生，如循环之无端，孰能穷之？

——孙　武　《孙子·兵势》

善御敌者，正兵先合，而后扼之，此必胜之术也。

——尉缭子　《尉缭子·兵令上》

求敌若求亡子，从之无疑，故能败敌而制其命。……故正兵贵先，奇兵贵后，或先或后，制敌者也。

——尉缭子　《尉缭子·勒卒令》

六六三十六，数中有术，术中有数。阴阳燮理，机在其中，机不可设，设则不中。

——《三十六计》跋

势因于敌家之动，变生于两阵之间，奇正发于无穷之源。故至事不语，用兵不言，且事之至者，其言不足听也，兵之用者，其状不足见也，倏而往，忽而来，能独专而不制者兵也。

——吕　尚　《六韬·龙韬·军势》

第三节　主客、劳逸

兵贵为主，不贵为客；遗速，不贵久。

——阮　逸　《唐李问对·卷中》

因粮于敌，是变客为主也；饱能饥之，佚能劳之；是变主为客也。故兵不拘主客迟速，惟发必中节，所以为宜。

——阮　逸　《唐李问对·卷中》

故知道者，必先图不知止之败，恶在乎必往有功。轻进而求战，敌复图之，我往而敌制胜矣。故兵法曰：求而从之，见而加之，主人不敢当而陵子，必丧其权。

——尉缭子　《尉缭子·战权》

为人驱使者为奴，为人尊处者为客；不能立足者为暂客，能立足者为久客，客久而不能主事者为贱客，能主事则可渐握机要，而为主矣。故反客为主之局：第一步须争客位；第二步须乘隙；第三步须插足；第四步须握机；第五步乃成为主。为主，则并人之军矣。此渐进之阴谋也。

——《三十六计·并战计·反客为主》按

乘隙插足，扼其主机，渐之进也。

——《三十六计·并战计·反客为主》

困敌之势，不以战；损刚益柔。

——《三十六计·以逸待劳》

敌已明，友未定，引友杀敌，不自出力，以《损》推演。

——《三十六计·胜战计·借刀杀人》

以简驭繁，以不变应变，以小变应大变，以小动应大动，以枢应环也。

——《三十六计·胜战计·以逸待劳》按

千章万句，不出乎"致人而不致于人"而已。

——阮　逸　《唐李问对·卷中》

"以近待远，以佚待劳，以饱待饥"，此略言其概尔。善用兵者，推此三义而有六焉：以诱待来，以静待躁，以重待轻，以严待懈，以治待乱，以守待攻。反是则力有弗逮。非治力之术，安能临兵哉！

——阮　逸　《唐李问对·卷中》

第八章　兵不厌诈篇

第一节　疑　兵

兵以善断而胜，以多疑而败，故疑敌之法，兵家必有也。疑敌则审机而不进，事事而莫能断，我乘其犹豫，因应变化，决策设奇……敌以疑而失事机；我以使敌之疑而得胜算。

——《草庐经略·疑敌》

有余不足使后人感其强弱。殊不知守之法要在示敌以不足，攻之法要在示敌以有余也。示敌以不足，则敌必来攻，此是敌不知其所攻者也。示敌以有余，则敌必有守，此是敌不知其所守者也。

——阮　逸　《唐李问对·卷下》

兵书云："辞卑而益备者，进也……无约而请和者，谋也。"故凡敌人之巧言令色，皆杀机之外露也。

——《三十六计·敌战计·笑里藏刀》按

备周则意怠，常见则不疑。阴在阳之内，不在阳之对。

——《三十六计·胜战计·瞒天过海》

众疑无定国，众惑无治民。疑定惑还，国乃可安。

——黄石公 《三略·下略》

虑不早决，则进退不定，疑生必败。

——尉缭子 《尉缭子·勒卒令》

善战者，居之不扰，见胜则起，不胜则止。故曰：无恐惧，无犹豫。用兵之害，犹豫最大，三军之灾，莫过狐疑。善战者，见利不失，遇时不疑，失利后时，反受其殃。故智者从之而不释，巧者一决而不犹豫，是以疾雷不及掩耳，迅电不及瞑目，赴之若惊，用之若狂，当之者破，近之者亡，孰能御之。

——吕　尚 《六韬·龙韬·军势》

军争之难者，以迂为直，以患为利。故迂其途，而诱之以利，后人发，先人至，此知迂直之计者也。

——孙　武 《孙子·军争》

故兵以诈立，以利动，以分合为变者也。故其疾如风，其徐如林，侵掠如火，不动如山，难知如阴，动如雷震。

——孙　武 《孙子·军争》

兵之所贵者势利也，所行者变诈也。

——荀　卿 《荀子·议兵》

第二节　诱　敌

故善动敌者，形之，敌必从之；予之，敌必取之。以利动之，以
卒待之。

——孙　武　《孙子·兵势》

能使敌人自至者，利之也。

——孙　武　《孙子·虚实》

利而诱之，乱而取之。

——阮　逸　《唐李问对·卷上》

诱人之力，惟名与利。名近虚而于教为重，利近实而于德为轻。
专实利而不济之以虚，则耗匮而物力不给。专虚名而不副之以实，则
诞谩而人情不趋。锡货财，赋秩廪，所以彰实也。差品列，异服章，
所以饰虚也。

——陆　贽　《陆宣公奏议全集·卷二》

故以饵取鱼，鱼可杀；以禄取人，人可竭；以家取国，国可拔；
以国取天下，天下可毕。

——吕　尚　《六韬·文韬·文师》

假之以便，唆之使前，断其援应，陷之死地。遇毒，位不当也。

——《三十六计·并战计·上屋抽梯》

唆者，利使之也。利使之而不先为之便，或犹且不行。故抽梯之局，须先置梯；或示之以梯。

——《三十六计·并战计·上屋抽梯》按

宁伪作不知不为，不伪作假知妄为。静不露机，云雷屯也。

——《三十六计·并战计·假痴不癫》

大凌小者，警以诱之。刚中而应，行险而顺。

——《三十六计·并战计·指桑骂槐》

形禁势格，利从近取；害以远隔，上火下泽。

——《三十六计·混战计·远交近攻》

类以诱之，击蒙也。

——《三十六计·敌战计·抛砖引玉》

诱敌之法甚多，最妙之法，不在疑似之间，而在类同，以固其惑。

——《三十六计·敌战计·抛砖引玉》按

待天以困之，用人以诱之，往蹇来连。

——《三十六计·敌战计·调虎离山》

无而示有，诳也。诳不可久而易觉，故无不可以终无。无中生有，则由诳而真，由虚而实矣。无不可以败敌，生有则败敌矣。

——《三十六计·敌战计·无中生有》按

以旌旗金鼓诱敌者，疑似也；以老弱粮草诱敌者，则类同也。

　　　　　　　　——《三十六计·攻战计·抛砖引玉》按

　　率数未服者以对敌，若策之不行，而利诱之，又反启其疑。于是故为自误，其他人之失，以暗警之。警之者，反诱之也，此盖以刚险驱之也。

　　　　　　　　——《三十六计·并战计·指桑骂槐》按

　　凡人之有为也，非名之，则利之也。

　　　　　　　　——韩　非　《韩非子·内储说上七术》

　　钓有三种：禄等以权，死等以权，官等以权，夫钓以求得鱼也。

　　　　　　　　——吕　尚　《六韬·文韬》

　　道取其平，兵不厌诡。实虚虚实，疑神疑鬼。彼暗我明，我生彼死。出奇无穷，莫知所以。

　　　　　　　　——冯梦龙　《智囊·兵智部诡道卷二十三》

　　伯比赢师以张之，苏贾则累北以诱之。至于田单，直请降矣。其诈弥深，其毒弥甚。勾践以降吴沼吴，伯约以降会谋会。真降且不可信，况诈乎？汉王之诳楚，黄盖之破曹，皆以降诱也。岑彭、费祎皆死于降人之手。噫！降可以不察哉？必也，谅己之威信可以致其降者何在，而参之以人情，揆之以兵势，断之以事理，度彼不得不降，降而必无变计也，斯万全之策矣。

　　　　　　　　——冯梦龙　《智囊·兵智部诡道卷二十三》

孙膑强而示之弱，虞诩弱而示之强。祖逖檀道济饥而示之饱，岳忠武饱而示之饥。

——冯梦龙　《智囊·兵智部诡道卷二十三》

臣闻之，繁礼君子，不厌忠信；战阵之间，不厌诈伪，君其诈之而已矣。

——韩　非　《韩非子·难一》

凡与敌战，其将愚而不知变，可诱之以利；彼贪利而不知害，可设伏以击之，其军可败。法曰：利而诱之。

——《百战奇略·利战》

声言击东，其实击西。

——杜　佑　《通典·兵六》

以舍利取人，即有借舍利以取之者。以神道困人，即有诡神道以困之者，无奸不破，无伪不穷。

——冯梦龙　《智囊·杂智部小慧卷二十八》

有用者，不可借；不能用者，求借。借不能用者而用之，匪我求童蒙，童蒙求我。

——《三十六计·攻战计·借尸还魂》

第三节 离 间

　　故三军之事，莫亲于间，赏莫厚于间，事莫密于间。非圣智不能
用间，非仁义不能使间，非微妙不能得间之实。微哉！微哉！无所不
用间也。

——孙　武　《孙子·用间》

　　故惟明君贤将，能以上智为间者，必成大功。此兵之要，三军所
恃而动也。

——孙　武　《孙子·用间》

　　若敌使人来欲推虚实，察我动静，觇知事计而行其间者。当佯为
不觉，舍其厚利而善啖之。微以我伪言诳事，示以前却期会，即我之
所须，为彼之所失者。因其有间而反间之，彼若将我虚以为实，我即
承其弊而得其志矣。

——李　靖　《李卫公兵法》

　　凡间皆须隐密，重之以赏，密之又密，始可行焉。

——李　靖　《李卫公兵法》

　　间之道有五：有因其邑人，使潜伺察而致词焉。有因其任子，故
泄虚假令告示焉。有因敌之使，矫共事而返之焉。有审择贤能，觇彼
向背虚实，而归说之焉。有佯缓罪戾，微漏我伪情浮计，使亡报之焉。

——李　靖　《李卫公兵法》

夫战之取胜，此岂求之于天地，在乎因人以成之。历观古人之用间，有间其君者，有间其亲者，有间其能者，有间其助者，有间其邻好者，有间其左右者，有间其纵横者。

——李　靖　《李卫公兵法》

敌有失势，不满其志者，我则啗以重利，诡相亲附，探其情实而致之。

——李　靖　《李卫公兵法》

敌有多词夸诞，好论利害者，我则使间，曲情尊奉，厚遗珍宝，揣其所间而反间之。

——李　靖　《李卫公兵法》

故用间有五：有因间，有内间，有反间，有死间，有生间。五间俱起，莫知其道，是谓神纪，人君之宝也。乡间者，因其乡人而用之。内间者，因其官人而用之。反间者，因其敌间而用之。死间者，为诳事于外，令吾间知之，而传于敌间也。生间者，反报也。

——孙　武　《孙子·用间》

必索敌人之间来间我者，因而利之，导而舍之，故反间可得而用也。

——孙　武　《孙子·用间》

疑中之疑。比之自内，不自失也。

——《三十六计·败战计·反间计》

间者，使敌自相疑忌也；反间者，因敌之间而间之也。

——《三十六计·败战计·反间计》按

人不自害，受害必真。假真真假，间以得行。童蒙之吉，顺以
巽也。

——《三十六计·败战计·苦肉计》

必用间，乃能先知敌情。必用间，乃能离散敌众也。

——朱逢甲　《间书》

因敌乡人知敌表里虚实之情，故就而用之，可使伺候也。

——朱逢甲　《间书》

若敌有宠嬖，任以腹心者。我当使间遗其珍玩，恣其所欲，因而
诱之。

——朱逢甲　《间书》

寇之党羽伪官而用为间，为内间；即其城中受害之民而用为间，
亦内间也。

——朱逢甲　《间书》

秘密以神其用，厚赏以结其心，始可以用间。

——朱逢甲　《间书》

兵机皆贵密，不独用间为然也。而用间尤宜密。

——朱逢甲　《间书》

使多养间谍之士，以为耳目。虽有强敌，不敢辄近。

——朱逢甲　《间书》

能间离一股，即少一股之助。

——朱逢甲　《间书》

为今之计，……，爵诱之不可，则威胁之。恩结之而反间之，则两为间而两相攻矣。……譬之两虎相斗然，强必伤，弱必毙。待弱毙而击强伤，事半而功倍矣。

——朱逢甲　《间书》

敌之失势，利啗以间之。

——朱逢甲　《间书》

敌之腹心，傍诱以间之。

——朱逢甲　《间书》

夸诞者，尊奉以间之。

——朱逢甲　《间书》

稽留者，潜听以间之。

——朱逢甲　《间书》

其巧于用反间者，有以书反之法……仿手迹而为书，精细极，妙极，非此不能令人信。……伪为反正之书，使彼疑而自相残。则一纸书贤于十万师矣。

——朱逢甲 《间书》

先反间以诱之，再激怒以致之，复设毒以毙之，暑劳以懈之，及出奇以击之，其胜也可预决矣。

——朱逢甲 《间书》

其巧于用生间者，有用贤能为生间。

——朱逢甲 《间书》

借势以行反间。其事异而其机轴同。皆妙于随机应变。

——朱逢甲 《间书》

夫攻强必养之使强，益之使张，太强必折，太张必缺。攻强以强，离亲以亲，散众以众。

——吕　尚 《六韬·武韬·三疑》

凡谋之道，周密为宝。设之以事，玩之以利，争心必起。

欲离其亲，因其所爱，与其宠人，与之所欲，示之所利。因以疏之，无使得志。被贪利甚喜，遗疑乃止。

——吕　尚 《六韬·武韬·三疑》

凡攻之道，必先塞其明，而后攻其强，毁其大，除民之害。淫之以色，啗之以利，养之以味，娱之以乐。

——吕　尚 《六韬·武韬·三疑》

既离其亲，必使远民，勿使知谋，扶而纳之，莫觉其意，然后可成。

——吕　尚　《六韬·武韬·三疑》

善行间谍，轻兵往来，分散其众，使其君臣相怨，上下相咎，是谓事机。

——吴　起　《吴子·论将》

凡战之要，必先占其将而察其才。因形用权，则不劳而功举。其将愚而信人，可诈而诱。贪而忽名，可货而赂。轻变无谋，可劳而困。上富下骄，下贫而怨，可离而间。

——吴　起　《吴子·论将》

间者，使敌人相疑也；反间者，因敌人之疑，而实其疑也。苦肉计者，盖假作自间以间人也。凡遣与己有隙者以诱敌人，约为响应，成约为共力者，皆苦肉计之类也。

——《三十六计·败战计·苦肉计》按

非仁义不能使间，此岂纤人所为乎。

——阮　逸　《唐李问对·卷中》

因在其官失职者，若刑戮之子孙与受罚之家也，因其有隙，就而用之。

——杜　佑　《十一家注孙子·用间篇》注

疑中之疑，比之自内，不自失也。

——《三十六计·败战计·反间计》

敌有间来窥我，我必先知之，或厚赂诱之，反为我用；或佯为不觉，示以伪情而纵之，则敌人之间，反为我用也。

——杜　佑　《十一家注孙子·用间篇》注

第九章　治国篇

第一节　国家安危

千乘之君无备，必有百乘之臣在其侧，以徙其民而倾其国；万乘之君无备，必有千乘之家在其侧，以徙其威而倾其国。

——韩　非　《韩非子·爱臣》

富之胜贫，强之胜弱，众之胜寡，安之胜危，必也。然而贫生于富，弱生于强，寡生于众，危生于安。

——慎　子　《慎子·内篇》

夫人必自侮，然后人侮之；家必自毁，而后人毁之；国必自伐，而后人伐之。

——孟　子　《孟子·离娄上》

上无礼，下无学，贼民兴，丧无日矣。

——孟　子　《孟子·离娄上》

世有三亡，臣闻之曰："以乱攻治者亡，以邪攻正者亡，以逆攻顺者亡。"

——韩　非　《韩非子·初见秦》

　　爱臣太亲，必危其身；人臣太贵，必易主位；……兄弟不服，必危社稷。

——韩　非　《韩非子·爱臣》

　　诸侯之宝三：土地，人民，政事。宝珠玉者，殃必及身。

——孟　子　《孟子·尽心下》

　　不忘亡者存。

——鬼谷子　《鬼谷子·捭阖第一》

　　国之利器，不可以示人。

——老　子

　　其安易持，其未兆易谋，其脆易泮，其微易散。为之于未有，治之于未乱。

——老　子

　　凡闻言必熟论，其于人必验之以理。

——吕不韦　《吕氏春秋·察传》

　　夫得言不可以不察，数传而白为黑，黑为白。……闻而审则为福矣，闻而不审，不若无闻矣。

——吕不韦　《吕氏春秋·察传》

辞多类非而是，多类是而非。是非之经，不可不分，此圣人之所慎也，然则何以慎？缘物之情及人之情以为所闻则得之矣。

——吕不韦 《吕氏春秋·察传》

故治民者禁奸于未萌，而用兵者服战于民心，禁先其本者治，兵战其心者胜。

——韩 非 《韩非子·心度》

言之中于人也惨于兵，故其为身害也甚于杀人。夫言之伤人未至于杀也，而志在是焉。则人之防之，乌得而不严。

——刘伯温 《诚意伯文集·杂解》

凡国之亡也，有道者必先去，古今一也。

——吕不韦 《吕氏春秋·先识》

故治乱存亡，其始若秋毫。察其秋毫，则大物不过矣。

——吕不韦 《吕氏春秋·察微》

类同相召，气同则合，声比则应。故鼓宫而宫应，鼓角而角动；以龙致雨，以形逐影。祸福之所自来，众人以为命。焉不知其所由。故国乱非独乱，有必召寇。独乱未必亡也，召寇则无以存矣。

——吕不韦 《吕氏春秋·召类》

亡国之主，必自骄，必自智，必轻物。自骄则简士，自智则专独，轻物则无备。无备召祸，专独位危，简士壅塞。

——吕不韦 《吕氏春秋·骄恣》

凡智之贵也，贵知化也。……危困之道，身死国亡，在于不先知化也。

——吕不韦　《吕氏春秋·知化》

听言不可不察。不察则善不善不分。善不善不分，乱莫大焉。

——吕不韦　《吕氏春秋·听言》

故察己则可以知人，察今则可以知古，古今一也，人与我同尔。有道之士，贵以近知远，以今知古，以益所见，知所不见。故审堂下之阴，而知日月之行，阴阳之变；见瓶水之冰，而知天下之寒，鱼鳖之藏也；尝一脟肉，而知一镬之味，一鼎之调。

——吕不韦　《吕氏春秋·察今》

亡国之主，不可以直言。不可以直言，则过无道闻，而善无自至矣。无自至则壅。

——吕不韦　《吕氏春秋·壅塞》

凡物之然也，必有故。……圣人不察存亡贤不肖，而察其所以也。

——吕不韦　《吕氏春秋·审己》

天下大乱，无有安国；一国尽乱，无有安家；一家皆乱，无有安身。……故小之定以必恃大，大之安也必恃小，小大贵贱，交相为恃，然后皆得其乐。

——吕不韦　《吕氏春秋·谕大》

贤主愈大愈惧，愈强愈恐。凡大者，小邻国也，强者，胜其敌也。

胜其敌则多怨，小邻国则多患。多怨多患，国虽强大，恶得不惧，恶得不恐？故贤主于安思危，于达思穷，于得思丧。周书曰："若临深渊，若履薄冰。"以言慎事也。

　　　　　　　　——吕不韦　《吕氏春秋·慎大》

故墙坏于其隙，木毁于其节。

　　　　　　　　——鬼谷子　《鬼谷子·谋篇第十》

用侈便觉财匮，官贪便觉民贪，将弱便觉敌强。举隅善反，所通者大。

　　　　　　　　——冯梦龙　《智囊·捷智部敏悟卷十五》

内贫外廉，诈誉取名，窃公为私，令上下昏。饰躬正颜，以获高官，是谓盗端。

　　　　　　　　——黄石公　《三略·上略》

群吏朋党，各进所亲，招举奸枉，抑挫仁贤。背公立私，同位相讪，是谓乱源。

　　　　　　　　——黄石公　《三略·上略》

强宗聚奸，无位而尊，威无不震。葛藟相连，种德立恩，夺在位权，侵侮下民，国内哗喧，臣蔽不言，是谓乱根。

　　　　　　　　——黄石公　《三略·上略》

吏多民寡，尊卑相若，强弱相虏，莫适禁御，延及君子，国受其咎。

——黄石公　《三略·上略》

善善不进，恶恶不退，贤者隐蔽，不肖在位，国受其害。

——黄石公　《三略·上略》

故主察异言，乃睹其萌。主聘儒贤，奸雄乃遁。主任旧齿，万事乃理。主聘岩穴，士乃得实。谋及负薪，功乃可述。不失人心，德乃洋溢。

——黄石公　《三略·上略》

朕观前代谗佞之徒，皆国之蟊贼也。或巧言令色，朋党比周；若暗主庸君，莫不以之迷惑，忠臣孝子所以泣血衔冤。故丛兰欲茂，秋风败之，王者欲明，谗人蔽之。……古人云"世乱则谗胜"，诚非妄言。朕每防微杜渐，用绝谗之端，犹恐心力所不至，或不能觉悟。前史云："猛兽处山林，藜藿为之不采；直臣立朝廷，奸邪为之寝谋。"

——李世民　《贞观政要·杜谗邪》

善治病者，不使至危惫；善救灾者，勿使至赈给。故赈给少，则不足活人；活人多，则阙国用；国用阙，则复重敛矣。又赈给多，侥倖吏群为奸，强得之多，弱得之少，虽刀锯在前不可禁。

——冯梦龙　《智囊·明智部经务卷八》

静见其阳，动察其阴；先观其迹，后知其心。

——《太白阴经·庙胜篇》

必见其阳，又见其心，乃知其心；必见其外，又见其内，乃知其意；必见其疏，又见其亲，乃知其情。

——吕　尚　《六韬·武韬·发启》

凡圣人之动作也，必察其所以之，与其所以为。

——吕不韦　《吕氏春秋·贵生》

民之从事，常于几成而败之。慎终如始，则无败事。

——老　子

第二节　万民教化

……政之所施，莫知其化，时之所在，莫知其移。圣人守此而万物化，何穷之有，终而复始。

——吕　尚　《六韬·武韬·文启》

贤相得以尽力者，皆以动得面对故。夫面对便，则畏忌消而情谊洽，此腑肺所以得罄，而虽宫闱微密之嫌，亦可以潜用其调停也。

——冯梦龙　《智囊·上智部迎刃卷四》

舍己而教人者逆，正己而教人者顺。逆者乱之招，顺者治之要。

——黄石公　《三略·下略》

昔之图国家者，必先教百姓而亲万民。

——吴　起　《吴子·图国》

君能使贤者居上，不肖者处下，则陈已定矣。民安其田宅，亲其有司，则守已固矣。百姓皆是吾君而非邻国，则战已胜矣。

——吴　起　《吴子·图国》

禁民之为不善，善也，非善之善者也。化不善使之为善，善也，善之善者也，非人之所及也。天下无不可化之民也，政不至于化，不可谓之善也。

——刘伯温　《诚意伯文集·杂解》

古之良吏，化有事为无事，化大事为小事，蕲于为朝廷安民而已。

——冯梦龙　《智囊·上智部道简卷三》

画极其至，则人情允协，法成若天造，令出如流水矣。

——冯梦龙　《智囊·明智部经务卷八》

禁之以制，而身不先行，民不能止。故化其心，莫若教也。

——晏　婴　《晏子春秋·齐人好毂击
晏子绐以不祥而禁之第二》

第三节　治国之道

图难于其易；为大于其细。天下难事，必作于易；天下大事，必作于细。是以圣人终不为大，故能成其大。

——《老子》

大难攻，小易服，不如服众小以劫大。

——韩 非 《韩非子·说林上》

凡大事皆起于小事，小事不论，大事又将不可救，社稷倾危，莫不由此。

——吴 兢 《贞观政要·政体》

夫治国犹如栽树，本根不摇，则枝叶茂荣。

——吴 兢 《贞观政要·政体》

利不可两，忠不可兼。不去小利则大利不得，不去小忠则大忠不至。故小利，大利之残也；小忠，大忠之贼也。圣人去小取大。

——吕不韦 《吕氏春秋·权勋》

闻古扁鹊之治其病也，以刀刺骨；圣人之救危国也，以忠拂耳。刺骨，故小痛在体而长利在身；拂耳，故小逆在心而久福在国。故甚病之人利在忍痛，猛毅之君以福拂耳。

——韩 非 《韩非子·安危》

凡赦宥之恩，惟及不轨之辈。古语云："小人之幸，君子之不幸。""一岁再赦，善人喑哑。"凡养稂莠者伤禾稼，惠奸宄者贼良人。……夫谋小仁者，大仁之贼。

——吴 兢 《贞观政要·赦令》

兵者，凶器也，不可不审用也。

——韩 非 《韩非子·存韩》

凡兵革者，所以备害也。

——韩　非　《韩非子·解志》

是以拔千丈之都，败十万之众，死伤者军之乘，而贺战胜得地者，出其小害，计其大利也。

——韩　非　《韩非子·八说》

断指以存腕，利之中取大，害之中取小也。非取害也，取利也。

——墨　翟　《墨子·大取篇》

军无小听，战无小利，日成，行微曰道。

——《司马法·定爵》

婴闻傲大贱小则国危，慢听厚敛则民散。事大养小，安国之器也。

——晏　婴　《晏子春秋·鲁昭公问安国众民
晏子对以事大养小谨听节俭第十四》

诸侯之交，绍而相见，辞之有所隐也。

——晏　婴　《晏子春秋·晋平公问齐君
德行高下晏子对以小善第十六》

臣闻大国贪于名，小国贪于实，此诸侯之通患也。今鲁处卑而不贪乎尊，辞实而不贪乎多，行廉不为苟得，道义不为苟合，不尽人之欢，不竭人之忠，以全其交，君之道义，殊于世俗，国免于公患。

——晏　婴　《晏子春秋·景公使晏子
予鲁地而鲁使不尽受第十八》

夫藏大不诚于中者，必谨小诚于外，以成其大不诚，……谗佞之人，隐君之威以自守也，是难去焉。

——晏　婴　《晏子春秋·景公问治国之患晏子
对以佞人谗夫在君侧第十四》

（齐宣王问曰："交邻国有道乎？"）孟子对曰："有。惟仁者为能以大事小，……惟智者能为以小事大，……以大事小者，乐天者也；以小事大者，畏天者也。乐天者保天下，畏天者保其国。"

——孟　子　《孟子·梁惠王下》

第十章 法政篇

第一节 赏 罚

赏之誉之不劝，罚之毁之不畏，四者加焉不变，则除之。

——韩　非　《韩非子·外储说右上》

兴国行罚，民利且畏；行赏，民利且爱。怯民使以刑必勇，勇民使以赏则死。怯民勇，勇民死，国无敌者强，强必王。

——商　鞅　《商君书·去强》

是故诚有功则虽疏贱必赏，诚有过则虽近爱必诛。

——韩　非　《韩非子·主道》

治国刑多而赏少，故王者刑九而赏一，削国赏九而刑一。

——商　鞅　《商君书·开塞》

夫临阵，则卑者居先；叙功，又卑者居后。是直以性命媚人耳，宜志士之裹足而不出也。分将迭出之议固当，吾谓论功尤当专叙汗马，而毋轻冒帷幄，则豪杰之气平，而功名之士知奋矣。

——冯梦龙 《智囊·明智部经务卷八》

是以明君之使其民也，使必尽力以规其功，功立而富贵随之，无私德也，故教流成。

——商　鞅 《商君书·错法》

废一善，则众善衰，赏一恶，则众恶归。善者得其祐，恶者受其诛，则国安而众善至。

——黄石公 《三略·下略》

凡战，胜则与众分善。若将复战，则重赏罚。若使不胜，取过在己。复战，则誓以居前，无复先术，胜否勿反，是谓正则。

——《司马法·严位》

夫利天下之民者莫大于治。

——商　鞅 《商君书·开塞》

故王者刑用于将过，则大邪不生；赏施于告奸，则细过不失。治民能使大邪不生，细过不失，则国治。国治必强。

——商　鞅 《商君书·开塞》

故为国者，边利尽归于兵，市利尽归于农。边利归于兵者强，市利归于农者富。

——商　鞅 《商君书·外内》

圣人治国也，易知而难行也。是故圣人不必加，凡主不必废，杀人不为暴，赏人不为仁者，国法明也。圣人以功授官予爵，故贤者不忧。圣人不宥过，不赦刑，故奸无起。圣人治国者，审壹而已矣。

　　　　　　　　　　——商　鞅　《商君书·赏刑》

凡用赏者贵信，用罚者贵必。

　　　　　　　　　　——吕　尚　《六韬·文韬·赏罚》

巨屦小屦同价，人岂为之哉？

　　　　　　　　　　——孟　子　《孟子·滕文公上》

第二节　法　刑

故治民无常，唯治为法，法与时转则治，治与世宜则有功。

　　　　　　　　　　——韩　非　《韩非子·心度》

因道全法，君子乐而大奸止。

　　　　　　　　　　——韩　非　《韩非子·大体》

爱多者则法不立，威寡者则下侵上。是以刑罚不必则禁令不行。

　　　　　　　　　　——韩　非　《韩非子·内储说上七术》

不阿贵，绳不挠曲，法之所加，智者弗能辞，勇者弗敢争。刑过不避大臣，赏善不遗匹夫。

　　　　　　　　　　——韩　非　《韩非子·有度》

壹民之轨，莫如法。属官威民，退淫殆，止诈伪，莫如刑。

——韩　非　《韩非子·有度》

国无常强，无常弱。奉法者强则国强，奉法者弱则国弱。

——韩　非　《韩非子·有度》

故当今之时，能去私曲就公法者，民安而国治；能去私行行公法者，则兵强而敌弱。

——韩　非　《韩非子·有度》

故治国无法则乱，守法而弗变则悖，悖乱不可以持国。世易时移，变法宜矣。譬之若良医，病万变，药亦万变。病变而药不变，向之寿民，今为殇子矣。故凡举事必循法以动，变法者因时而化。

——吕不韦　《吕氏春秋·察今》

法令者民之命也，为治之本也，所以备民也。

——商　鞅　《商君书·定分》

行罚，重其轻者，轻其重者，轻者不至，重者不来，此谓以刑去刑，刑去事成；罪重刑轻，刑至事生，此谓以刑致刑，其国必削。

——商　鞅　《商君书·靳令》

是故明王任法去私，而国无隙蠹矣。

——商　鞅　《商君书·修权》

圣人之为国也，壹赏，壹刑，壹教。壹赏则兵无敌，壹刑则令行，壹教则下听上。

主君之道莫广于胜法。胜法之务莫急于去奸。去奸之本莫深于严刑。故王者以赏禁，以刑劝，求过不求善，藉刑以去刑。

——商　鞅　《商君书·开塞》

凡将立国，制度不可不察也，治法不可不慎也，国务不可不抟也。

——商　鞅　《商君书·壹言》

国刑不可恶，而爵禄不足务也，此亡国之兆也。

——商　鞅　《商君书·算地》

故以刑治则民威，民威则无奸，无奸则民安其所乐。

——商　鞅　《商君书·开塞》

以良民治，必乱至削。以奸民治，必治至强。

——商　鞅　《商君书·说民》

法繁则刑省，法详则刑繁。民治则乱，乱而治之，又乱。故治之于其治则治，治之于其乱则乱。

——商　鞅　《商君书·说民》

刑生力，力生强，强生威，威生德，德生于刑。故刑多则赏重，赏少则刑重。

——商　鞅　《商君书·说民》

故王者刑赏断于民心，器用断于家。治明则同，治暗则异。……

治则家断，乱则君断，治国者贵下断。……故有道之国，治不听君，民不从官。

——商　鞅　《商君书·说民》

威以一取十，以声取实，故能为威者王。能生不能杀，曰自攻之国，必削；能生能杀，曰攻敌之国，必强。

——商　鞅　《商君书·去强》

以刑去刑，国治。以刑治刑，国乱。故曰：行刑重轻，刑去事成，国强；重重而轻轻，刑至事生，国削。刑生力，力生强，强生威，威生惠，惠生于力。举力以成勇战，战以成知谋。

——商　鞅　《商君书·去强》

国无怨民曰强国。

——商　鞅　《商君书·去强》

以治法者强，以治政者削。

——商　鞅　《商君书·去强》

是以圣人苟可以强国，不法其故；苟可以利民，不循其礼。

——商　鞅　《商君书·更法》

故知者作法，而愚者制焉。贤者更礼，而不肖者拘焉。拘礼之人不足于言事，制法之人不足于论变。

——商　鞅　《商君书·更法》

治世不一道，便国不必法古。

——商　鞅　《商君书·更法》

人君而有好恶，故民可治也。人君不可以不审好恶。好恶者，赏罚之本也。夫人情好爵禄而恶刑罚，人君设二者以御民之志，而立所欲焉。

——商　鞅　《商君书·错法》

故禁奸止过，莫若重刑。刑重而必得，则民不敢试，故国无刑民。国无刑民，故曰：明刑不戮。

——商　鞅　《商君书·赏刑》

故治国无其法则乱，守法而不变则衰，有法而行私谓之不法，以力侵法者百姓也以死。守法者，有司也，以道变法者君长也。

——慎　子　《慎子·内篇》

爱多者则法不立，威寡者则下侵上。

——慎　子　《慎子·内篇》

死者不可再生，用法务在宽简。

——吴　兢　《贞观政要·刑法》

币非有用之物也，而能使之流行者，法也。行法有道，本之以德政，辅之以威刑使天下信畏，然后无用之物可使之有用。

——刘伯温　《诚意伯文集·郁离子·蒉蕶》

刑威，令也，其法至于杀，而生人之道存焉。赦德令也，其意在乎生，而杀人之道存焉。书曰："刑期于无刑。"……是故制刑期于使民畏刑有必行，民知犯之必死也，则死者鲜矣。

——刘伯温 《诚意伯文集·郁离子·灵丘丈人》

明主之所导制其臣者，二柄而已矣。二柄者，刑、德也。

——韩 非

夫虎之所以能服狗者，爪牙也，使虎释其爪牙而使狗用之，则虎反服于狗矣。人主者，以刑德制臣者也，今君人者释其刑德而使臣用之，则君反制于臣矣。

——韩 非 《韩非子·二柄》

家无怒笞，则竖子婴儿之有过也立见。国无刑罚，则百姓之悟相侵也立见。

——吕不韦 《吕氏春秋·荡兵》

石激水，山激风，法激奸，吏激民，言激戎，直激暴。天下之纷纷生于激。是故小人之作乱也，由其操之急，抑之甚，而使之东西南北无所容也，故进则死，退则死，进退无所逃也，则安得不避其急而趋其缓也哉。

——刘伯温 《诚意伯文集·郁离子·牧豭》

闻有吏虽乱而有独善之民，不闻有乱民而有独治之吏，故明主治吏不治民。

——韩 非 《韩非子·外储说右下》

第三节 狱 讼

见将理官也，万物之主也，不私于一人。夫能无私于一人，故万物至而命之，君不救囚于五步之外，虽钩矢射之，弗追也。故善审囚之情，不待箠楚，而囚之情可毕矣。笞人之背，灼人之胁，束人之指，而讯囚之情，虽国士有不胜其酷，而自诬矣。

——尉缭子 《尉缭子·将理》

今世谚云："千金不死，百金不刑。"试听臣之言，行臣之术，虽有尧舜之智，不能关一言，虽有万金，不能用一铢。今夫决狱，小圄不下十数，中圄不下百数，大圄不下千数。十人联百人之事，百人联千人之事，千人联万人之事。所联之者，亲戚兄弟也，其次婚姻也，其次知识故人也。是农无不离田业，贾无不离肆宅，士大夫无不离官府。如此，关联良民，皆囚之情也。

——尉缭子 《尉缭子·将理》

语云："察见渊鱼者不祥。"是以圣人贵夜行，游乎人之所不知也。虽然，人知实难，已知何害。目中无照乘摩尼，又何以夜行而不踬乎？子舆赞舜明察并举。盖非明不能察，非察不显明，譬之大照当空，容光自领。岂无覆盆，人不憾焉。如察察予好，渊鱼者避之矣。吏治其最显者，得情而天下无冤民，诘奸而天下无戮民，夫是之谓精察。

——冯梦龙 《智囊·察智部总叙》

口变淄素，权移马鹿。山鬼昼舞，愁魂夜哭。如得其情，片言折狱。

——冯梦龙 《智囊·察智部得情卷九》

王轨不端，司寇溺职。吏偷俗弊，竞作淫匿。我思志农，剪彼蛊贼。摘伏发奸，即威即德。

——冯梦龙 《智囊·察智部诘奸卷十》

第十一章　修身篇

第一节　道德修养

君子谋道不谋食。耕也馁在其中矣，学也禄在其中矣。君子忧道不忧贫。

——孔　子　《论语·卫灵公》

富与贵，是人之所欲也，不以其道得之，不处也。贫与贱，是人之所恶也，不以其道得之，不去也。

——孔　子　《论语·里仁》

孔子曰："善为吏者树德，不能为吏者树怨。"概者平量者也，吏者平法者也，治国不可失平也。

——韩　非　《韩非子·外储说左下》

立乎人之本朝，而道不行，耻也。

——孟　子　《孟子·万章下》

君有大过则谏；反复之而不听，则易位。

　　　　　　　　　——孟　子　《孟子·万章下》

仁者无敌。

　　　　　　　　　——孟　子　《孟子·梁惠王上》

仁者荣，不仁者辱。

　　　　　　　　　——孟　子　《孟子·公孙丑上》

君子之德，风也；小人之德，草也。草尚之风，必偃。

　　　　　　　　　——孟　子　《孟子·滕文公上》

吾闻出于幽谷迁于乔木者，未闻下乔木而入于幽谷者。

　　　　　　　　　——孟　子　《孟子·滕文公上》

不直，则道不见；我且直之。

　　　　　　　　　——孟　子　《孟子·滕文公上》

志士不忘在沟壑，勇士不忘丧其元。

　　　　　　　　　——孟　子　《孟子·滕文公上》

　　居天下之广居，立天下之正位，行天下之大道；得志，与民由之；不得志，独行其道。富贵不能淫，贫贱不能移，威武不能屈，此之谓大丈夫。

　　　　　　　　　——孟　子　《孟子·滕文公下》

如知其非义，斯速已矣，何待来年？

——孟　子　《孟子·滕文公下》

爱人不亲，反其仁；治人不治，反其智；礼人不答，反其敬——行有不得者皆反求诸己，其身正而天下归之。诗云："永言配命，自求多福。"

——孟　子　《孟子·离娄上》

大人者，言不必信，行不必果，惟义所在。

——孟　子　《孟子·离娄下》

是故君子有终身之忧，无一朝之患也。……若夫君子所患则亡矣。非仁无为也，非礼无行也。如有一朝之患，则君子不患矣。

——孟　子　《孟子·离娄下》

欲贵者，人之同心也。人人有贵于己者，弗思耳矣。人之所贵者，非良贵也。……所以不愿人之膏粱之味也；令闻广誉施于身，所以不愿人之文绣也。

——孟　子　《孟子·告子上》

大匠诲人必以规矩，学者亦必以规矩。

——孟　子　《孟子·告子上》

夫道若大路然，岂难知哉？人病不求耳。子归而求之，有余师。

——孟　子　《孟子·告子上》

君子亦仁而已矣，何必同？

——孟　子　《孟子·告子下》

君子之所为，众人固不识也。

——孟　子　《孟子·告子下》

君子之事君也，务引其君以当道，志于仁而已。

——孟　子　《孟子·告子下》

求则得之，舍则失之。

——孟　子　《孟子·尽心上》

人不可以无耻，无耻之耻，无耻矣。

——孟　子　《孟子·尽心上》

耻之于人大矣，为机变之巧者，无所用耻焉。不耻不若人，何若人有？

——孟　子　《孟子·尽心上》

尊德乐义，则可以嚣嚣矣。故士穷不失义，达不离道。穷不失义，故士得己焉；达不离道，故民不失望焉。古之人，得志，泽加于民；不得志，修身见于世。穷则独善其身，达则兼善天下。

——孟　子　《孟子·尽心上》

言近而指远者，善吉也；守约而施博者，善道也。君子之言也，不下带而道存焉；君子之守，修其身而天下平。

——孟　子　《孟子·尽心下》

身不行道，不行于妻子；使人不以道，不能行于妻子。

——孟　子　《孟子·尽心下》

目失镜则无以正须眉，身失道则无以知迷惑。

——韩　非　《韩非子·观行》

道之真，以持身，其绪余，以为国家；其土苴，以治天下。由此观之，帝王之功，圣人之余事也，非所以完身养生之道也。

——吕不韦　《吕氏春秋·贵生》

昼无事者夜不梦。

——慎　子　《慎子·逸文》

暴虎冯河，死而无悔者，吾不与也；必也临事而惧，好谋而成者也。

——孔　子　《论语·述而》

欲利之心不除，其身之忧也。

——韩　非　《韩非子·解志》

是以圣人，后其身而身先，外其身而身存。

——《老子》

持而盈之，不如其已。揣而锐之，不可常保。金玉满堂，莫之能守。富贵而骄，自遗而咎。功成身退，天之道。

——《老子》

祸福无不自己求之者。

——孟　子　《孟子·公孙丑上》

天作孽，犹可违；自作孽，不可活。

——孟　子　《孟子·公孙丑上》

仁者如射：射者正己而后发；发而不中，不怨胜己者，反求诸己而已矣。

——孟　子　《孟子·公孙丑上》

取诸人以为善，是与人为善者也。故君子莫大乎与人为善。

——孟　子　《孟子·公孙丑上》

隘与不恭，君子不由也。

——孟　子　《孟子·公孙丑上》

有官守者，不得其职则去；有言责者，不得其言则去，我无官守，我无言责也，则吾进退，岂不绰绰然有余裕哉？

——孟　子　《孟子·公孙丑下》

古之君子，其过也，如日月之食，民皆见之；及其更也，民皆仰之。

——孟　子　《孟子·公孙丑下》

人有恒言，皆曰："天下国家。天下之本在国，国之本在家，家之本在身。"

——孟　子　《孟子·离娄上》

苟为不畜，终身不得。苟不志于仁，终身忧辱，以陷于死亡。

——孟　子　《孟子·离娄上》

其为人也小有才，未闻君子之大道也，则足以杀其躯而已矣。

——孟　子　《孟子·尽心下》

知足之为足矣。

——韩　非　《韩非子·喻老》

荣辱之责，在乎己而不在乎人。

——韩　非　《韩非子·大体》

周于利者凶年不能杀，周于德者邪世不能乱。

——孟　子　《孟子·尽心下》

自暴者，不可与有言也；自弃者，不可与有为也。

——孟　子　《孟子·离娄上》

不慎其事，不掩其情，贼乃将生。

　　　　　　　　　　　　——韩　非　《韩非子·主道》

夫香美脆味，厚酒肥肉，甘口而病形；曼理皓齿，说情而损精。故去甚去泰，身乃无害。

　　　　　　　　　　　　——韩　非　《韩非子·扬权》

自古侯王能自保全者甚少，皆由生长富贵，好尚骄逸，多不解亲君子远小人故尔。

　　　　　　　　　　——吴　兢　《贞观政要·教戒太子诸王》

且君子小人本无常，行善事则为君子，行恶事则为小人，当须自剋励，使善事日闻，勿纵欲肆情，自陷刑戮。

　　　　　　　　　　——吴　兢　《贞观政要·教戒太子诸王》

人有明珠，莫不贵重，若以弹雀，岂非可惜？况人之性命甚于明珠，见金钱财帛不惧刑纲，径既受纳，乃是不惜性命。明珠是身外之外，尚不可弹雀，何况性命之重，乃以博财物耶？

　　　　　　　　　　　　——吴　兢　《贞观政要·贪鄙》

朕尝谓贪人不解爱财也，……规小得而大失者也。昔公仪休（注：公仪，复姓；休，名，鲁国丞相）性嗜鱼，而不受人鱼，其鱼长存。且为主贪，必丧其国，为臣贪，必亡其身。

　　　　　　　　　　　　——吴　兢　《贞观政要·贪鄙》

古人云："贤者多财损其志，愚者多财生其过。"此言可谓深诫。若徇私贪浊，非止坏公法，损百姓，纵事未发闻，心中岂不常惧，恐惧既多，亦有因而致死。大丈夫岂得苟贪财物，以害及身命，使子孙每怀愧耻耶？

——吴　兢　《贞观政要·贪鄙》

古人云："鸟栖于林，犹恐其不高，复巢于木末；鱼藏于水，犹恐其不深，复穴于窟下。然而为人所获者，皆由贪饵故也。今人臣受任，居高位，食厚禄，当须履忠正，蹈公清，则无灾害，长守富贵矣。"古人云："祸福无门，惟人所召。"然陷其身者，皆为贪冒财利，与夫鱼鸟何以异哉？

——吴　兢　《贞观政要·贪鄙》

贵以身为天下，若可寄天下；爱以身为天下，若可托天下。

——《老子》

缦密不能，麓苴学者诎，身无以用人，而又不为人用者卑。善人不能戚，恶人不能疏者危。交游朋友从，无以说于人，又不能说人者穷。事君要利，大者不得，小者不为者馁。修道立义，大不能专，小不能附者灭。

——晏　婴　《晏子春秋·景公问天下之所以
存亡晏子对以六说第十五》

善而不息者为长；……终善者为师。

——晏　婴　《晏子春秋·景公问贤不肖
可学乎晏子对以勉强为上第六》

夫愚者多悔，不肖者自贤，溺者不问坠，迷者不问路。溺而后问坠，迷而后问路，譬之犹临难而遽铸兵，噎而遽掘井，虽速亦无及已。

——晏　婴　《晏子春秋·景公贤鲁昭公去国
而自悔晏子谓无及已第二十》

君顺怀之，政治归之，不怀暴君之禄，不居乱国之位，君子见兆则退，不与乱国俱灭，不与暴君偕亡。

——晏　婴　《晏子春秋·晏子使吴吴王问君子
之行晏子对以不与乱国俱灭第十六》

其爱必大费，多藏必厚亡。知足不辱，知止不殆，可以长久。

——《老子》

祸莫大于不知足，咎莫大于欲得。故知足之足，常足矣。

——《老子》

故古之治身与天下者，必法天地也。尊酌者众则速尽，万物之酌大贵之生者众矣，故大贵之生常速尽，非徒万物酌之也，又损其生以资天下之人，而终不自知。功虽成乎外，而生亏乎内。

——吕不韦　《吕氏春秋·情欲》

凡事之本，必先治身，啬其大宝。用其新，弃其陈，腠理遂通。精气日新，邪气尽去，及其天年。此之谓真人。

——吕不韦　《吕氏春秋·先己》

昔者先圣王，成其身而天下成，治其身而天下治。故善响者不于响于声，善影者不于影于形，为天下者不于天下于身。

　　　　　　　　——吕不韦　《吕氏春秋·先己》

谗祸一也，度近之足以杜其谋，则为陈平，度远之足以消其忌，则又为刘琦。宜近而远，宜远而近，皆速祸之道也。

　　　　　　　——冯梦龙　《智囊·上智部迎刃卷四》

盗憎主人，民怨其上。子好直言，必及于难。

　　　　　　——冯梦龙　《智囊·闺智部贤哲卷二十五》

见善而怠，时至而疑，知非而处，此三者道之所止也。柔而静，恭而敬，强而弱，忍而刚，此四者，道之所起也。故义胜欲则昌，欲胜义则亡，敬胜怠则吉，怠胜敬则灭。

　　　　　　　　——吕　尚　《六韬·文韬·明传》

利莫长于简，福莫久于安。

　　　　　　　　——韩　非　《韩非子·大体》

第二节　交友待人

恭者不侮人，俭者不夺人。

　　　　　　　　——孟　子　《孟子·离娄上》

人之患在好为人师。

——孟 子 《孟子·离娄上》

恭敬而无实,君子不可虚拘。

——孟 子 《孟子·尽心上》

是故诚者,天之道也;思诚者,人之道也。至诚而不动者,未之有也;不诚,未有能动者也。

——孟 子 《孟子·离娄上》

好名之人能让千乘之国,苟非其人,箪食豆羹见于色。

——孟 子 《孟子·尽心下》

小人无过人之才,则不足以乱国。然使小人有才,而肯受君子之驾驭,则又未尝无济于国,而君子亦必不概摈之矣。

——冯梦龙 《智囊·上智部见大卷一》

同事之人,不可不审察也。

——韩 非 《韩非子·说林上》

容小过者,以一长酬;释大仇者,以死力报。唯酬报之情迫中,故其长触之而必试,其力激之而必竭。彼索过寻仇者,岂非大愚?

——冯梦龙 《智囊·上智部见大卷一》

不知而言，不智；知而不言，不忠。

——韩　非　《韩非子·初见秦》

久处无过之地，则世俗听焉。

——慎　子　《慎子·逸文》

两贵不相事，两贱不相使。

——慎　子　《慎子·逸文》

受人者常畏人，与人者常骄人。

——慎　子　《慎子·外篇》

故明主不为治外之理，小人必言事外之能。

——尹文子　《尹文子·大道上》

人有不交而求者，必其有所谋也。有不约而至者，必其有所为也。故惟礼可以沮暴，惟诚可以破诈。……君子之所以不自失者，豫定而不躁也。

——刘伯温　《诚意伯文集·杂解》

善疑人者人亦疑之，善防人者人亦防之。善疑人者必不足于信，善防人者必不足于智。知人之疑己而弗舍者，必其有所存也。知人之防己而不避者，必其有所倚也。夫天下之人焉得尽疑而尽防之哉。

——刘伯温　《诚意伯文集·郁离子·蝾螈》

多疑之人不可与共事，傺僳之人不可与定国。多疑之人其心离，其败也以扰，傺僳之人其心汰，其败也以忽。

——刘伯温　《诚意伯文集·郁离子·虞孚》

夫人必自侮而后人侮之。

——刘伯温　《诚意伯文集·郁离子·虞孚》

圣人不积，既以为人己愈有，既以与人己愈多。

——《老子》

以富贵有人易，以贫贱有人难。

——吕不韦　《吕氏春秋·介立》

大小多少，报怨以德。

——《老子》

君子之自行也，敬人而不必见敬，爱人而不必见爱。敬爱人者，己也；见敬爱者，人也。君子必在己者，不必在人者也，必在己无不遇矣。

——吕不韦　《吕氏春秋·必己》

凡言者，以谕心也。言心相离，而上无以参之，则下多所言非所行也，所行非所言也。言行相诡，不祥莫大焉。

——吕不韦　《吕氏春秋·淫辞》

凡论人心，观事传，不可不熟，不可不深。天为高矣，而日月星辰云气雨露未尝休矣；地为大矣，而水泉草木毛羽裸鳞未尝息也。凡居于天地之间，六合之内者，其务为相安利也，夫为相害危者，不可胜数。人事皆然。事随心，心随欲。欲无度者，其心无度；心无度者，则其所为不可知矣。人之心隐匿难见，渊深难测，故圣人于事志焉。

——吕不韦　《吕氏春秋·观表》

行不可不孰。不孰，如赴深豀，虽悔无及。君子计行虑义，小人计行其利，乃不利。有知不利之利者，则可与言理矣。

——吕不韦　《吕氏春秋·慎行》

凡乱人之动也，其始相助，后必相恶。为义者则不然，始而相与，久而相信，卒而相亲，后世以为法程。

——吕不韦　《吕氏春秋·慎行》

夫轻诺必寡信，多易必多难，是以圣人犹难之，故终无难矣。

——《老子》

知不知上矣。过者之患，不知而自以为知。

——吕不韦　《吕氏春秋·别类》

故欲胜人者必先自胜，欲论人者必先自论，欲知人者必先自知。

——吕不韦　《吕氏春秋·先己》

天下无穷不肖事，皆从舍不得钱而起；天下无穷好事，皆从舍得钱而做。自古无舍不得钱之好人也。

——冯梦龙 《智囊·上智部见大卷一》

君不幸而遇小人，切不可与一般见识。

——冯梦龙 《智囊·上智部道简卷三》

尊人以自尊，腐儒为所用而不知。

——冯梦龙 《智囊·术智部委蛇卷十六》

无故而我结者，必有以用我矣。

——冯梦龙 《智囊·杂智部小慧卷二十八》

古之人，损一毫利天下，不与也。悉天下奉一身，不取也。人人不损一毫，人人不利天下，天下治矣。

——杨　朱 《列子·杨朱篇》

故察士不比周而进，不为苟而求，言无阴阳，行无内外，顺则进，否则退，不与上行邪，是以进不失廉，退不失行也。

——晏　婴 《晏子春秋·景公问君臣身尊而
荣难乎晏子对以易第十四》

君子之大义，和调而不缘，溪盎而不苛，庄敬而不狡，和柔而不铨，刻廉而不刿，行精而不以明污，齐尚而不以遗罢，富贵不傲物，贫穷不易行，尊贤而不退不肖。

——晏　婴 《晏子春秋·叔向问君子之大义何
若晏子对以尊贤退不肖第二十四》

164 Zhongguo Moulüejia Zhenyanlu

人之于声色滋味也，利于性则取之，害于性则舍之，此全性之
道也。

——吕不韦 《吕氏春秋·本生》

匠人成棺不憎人死，利之所在忘其丑也。

——慎　子 《慎子·外篇》

第三节　能言善辩

凡说之务，在知饰所说之所矜而灭其所耻。

——韩　非 《韩非子·说难》

唯口有枢，智则善转。孟不云乎？"言近指远。"组以精神，出之
密微。不烦寸铁，谈笑解围。

——冯梦龙 《智囊·语智部善言卷二十》

智非语也；语智，非智也。喋喋者必穷，期期者有庸。丈夫何必
有口哉？固也。抑有异焉，两舌相战，理者必伸；两理相质，辩者先
售。子房以之师，仲连以之高，庄生以之旷达，仪衍以之富贵，端木
子以之列于四科，孟氏以之承三圣。故一言而或重于九鼎，单说而或
强于十万师，片纸书而或贤于十部。从事口舌之权，顾不重欤？谈言
微中，足以解纷；言之无文，行之不远。君子一言以为智，一言以为
不智。智泽于内，言溢于外。诗曰："惟其有之，是以是之。"此之
谓也。

——冯梦龙 《智囊·语智部总叙》

侨童有辞，郑国赖焉，聊成一矢，名高鲁连。排难解纷，辩哉仙仙。百尔君子，毋易由言。

——冯梦龙　《智囊·语智部辩才卷十九》

谓言者或不合于理，未可即斥，但反而难之，使自求之，则契理之应，怡然自出。

——鬼谷子　《鬼谷子·反应第二》

象者，象其事，比者，比其辞也。以无形求有声，理在玄微，故无形也。无言则不彰，故以无形求有声，声既言也，比谓比类也，其钓语合事得人实也。

——鬼谷子　《鬼谷子·反应第二》

得鱼在于投饵，得语在于发端，发端则鱼应，投饵则鱼来，故曰钓语。语则事合，故曰合事。明试在于敷言，故曰得人实也。

——鬼谷子　《鬼谷子·反应第二》

张网而司之，彼兽自得，道合其事，彼理自出。理既彰，圣贤斯辩，虽欲自隐，其道无由。故曰钓人之网也。常持其网，驱之其言，无比乃为之变。

——鬼谷子　《鬼谷子·反应第二》

重之，袭之，反之，覆之，万事不失其辞。

——鬼谷子　《鬼谷子·反应第二》

圣人所诱，愚智事皆不疑。圣人诱愚，则闭藏之，以知其诚。诱智则拨动之，以尽其情，咸得其实。故事皆不疑也。

——鬼谷子 《鬼谷子·反应第二》

欲闻其声，反默；欲张，反敛；欲高，反下；欲取，反与。

——鬼谷子 《鬼谷子·反应第二》

己欲平静，以听其辞，察共事，论万物，别雄雌。

——鬼谷子 《鬼谷子·反应第二》

若探人而居其内，量其能，射其意也。符应不失，如螣蛇之所指，若羿之引矢。

——鬼谷子 《鬼谷子·反应第二》

人言者动也，己默者静也，因其言，听其辞，以静观动，则所见审，因言观辞，则所得明。言有不合者，反而求之，其应必出。

——鬼谷子 《鬼谷子·捭阖第一》

心意之虑，怀审其意，知其所好恶，乃就说其所重，以飞箝之辞钩其所好，以箝求之。

——鬼谷子 《鬼谷子·飞箝第五》

揣情者必以其甚喜之时往而极其欲也。其有欲也，不能隐其情，必以其甚惧之时往而极其恶也。其有恶也，不能隐其情，情欲必失其变。

——鬼谷子 《鬼谷子·忤合第六》

夫情变于内者形见于外，故常必以其见者而知其隐者，此所谓测深揣情。

——鬼谷子 《鬼谷子·忤合第六》

说者听，必合于情，故曰情合者听。

——鬼谷子 《鬼谷子·摩篇第八》

说之者说之也，说之者资之也；饰言者假之也，假之者益损也；应对者利辞也，利辞者轻论也；成义者明之也，明之者符验也；难言者却论也，却论者钓几也；佞言者谄而于忠；谀言者博而于智；平言者决而于勇；戚言者权而于信，静言者反而于胜。

——鬼谷子 《鬼谷子·权篇第九》

故口者机关也，所以闲情意也，耳目者心之佐助也，所以窥间见奸邪。故曰参调而应，利道而动。

——鬼谷子 《鬼谷子·权篇第九》

听贵聪，智贵明，辞贵奇。

——鬼谷子 《鬼谷子·权篇第九》

是故与智者言，将此以明之，与不智者言，将此以教之，而甚难为也。故言多类，事多变。故终日言，不失其类，故事不乱。

——鬼谷子 《鬼谷子·权篇第九》

故说人主者，必与之言奇，说人臣者，必与之言私。

——鬼谷子　《鬼谷子·谋篇第十》

言语者君子之枢机，谈何容易？凡在众庶，一言不善，则人记之，成其耻累。

——吴　兢　《贞观政要·慎言语》

附　录　一

一、谋略与谋略学

谋略一词最早见于《三国志·吴志·陆逊传评》："予既奇逊之谋略，又叹权之识才。"后来，"谋略"就成了计谋策略的统称。

自有人类社会以来，人们就开始自觉或不自觉地运用谋略来处理问题，借以达到某种目的。然而大量使用谋略还是阶级社会产生之后的事。谋略被大量地运用于政治斗争、军事斗争、外交斗争以及社会生活的各个领域。在长期的实践中，谋略手段日臻完善，经过学者专家的整理、研究而上升为谋略理论，形成谋略学。当然，在我国的历史典籍中，尚未发现直接冠以"谋略"字样的著作，而多以政论、史论、哲学、文学或军事著作等形式出现。先秦诸子的著作中就包含着许多谋略理论。如儒家的《论语》、《孟子》、《荀子》，道家的《老子》、《庄子》，法家的《韩非子》、《商君书》、《吕氏春秋》，墨家的《墨子》以及《左传》、《战国策》等。而我国古代灿若星辰的兵书中则几乎全部是系统的军事谋略。如《孙子兵法》、《吴子兵法》、《司马法》、《六韬》、《三略》、《唐李问对》、《三十六计》等。在中国谋略学的发展进程中，也出现过为数不多的研究一般谋略理论的著作，如《鬼谷子》和明朝学者冯梦龙的《智囊》，虽然谈不上系统完备，但却是难能可贵的。至于历朝历代直至近现代的众多政治家、军事家、史学家、文学家、思想家，在他们的各类著作中所阐释的谋略理论和谋略思想则更是不胜枚举。如汉贾谊的《治安策》，桑弘羊的《盐铁论》，陈寿的《三国志》，司马迁的《史记》，唐吴兢的《贞观政要》，宋司马光的《资治通鉴》，明刘伯温的《郁离子》，清朱逢甲的《间书》等著作。所有这些构成了我国谋略学的主要骨架。

综上所述，谋略学是专门研究谋略思想、谋略理论和谋略手段的学科。从谋略学的应用意义上讲，它既是一门科学，也是一种艺术。其科学性主要体现在它的方法论意义上。无论何种谋略体系，无不是基于一定的哲学思想，提出解决某些疑难问题的特殊有效的方法。

二、中国谋略学的主要特点及谋略设计类型

研究中国谋略论著的代表作，可以看出三个明显的特点。

第一，谋略的研究和施用主要集中于政治、军事领域，也广泛流行于社会生活的各方面。

这一特点与中国封建社会的价值观念及中国人传统的文化心态有着密切的联系。在数千年的中国封建社会中，儒学一直是统治思想文化的显学。而儒学一个很明显的特点就是重政治、轻科学、轻经济。治学论道的出发点和归宿都是帮助统治者治世牧民。以此为主流，逐步形成了中国知识界以政为本的价值观。无论什么学派，几乎都要治国平天下。儒、法、墨、兵、农、史、纵横等家自不必说，既使出世思想极浓的道家，也时时不忘记干预政治，老庄学说主张"无为"，但是还要"治"，叫作"无为无不为"，或"无为而

治"。《老子》书中以最激烈的言辞，抨击社会弊端，反对忠孝，否定仁慈，鄙薄礼义，诅咒战争，向往小国寡民的社会，但也常常给统治者提供统治办法。《老子·60章》："治大国若烹小鲜。""治人，事天，莫若啬。"从中可以看到其为统治者出谋划策的苦心。总之，无论是儒家的仁、义、礼，法家的权、术、势，墨家的尚贤，道家的重柔，兵家的权谋；纵横家的捭阖，最终都是为政治服务的。而军事是政治的继续，是实现政治目的最重要的手段之一。因此军事谋略的发展是很自然的事。至于其他领域，如经济生活中使用谋略手段的极为少见。这一点与现代社会重视经济谋略的研究与应用，存在着极为显著的差别。

第二，博大精深，不乏良谋奇策，但基础理论薄弱，体系庞杂。

在中国的谋略学论著中，多是以某一特定领域作为研究对象的。如政治谋略、军事谋略、外交谋略等，极少有以一般的、普遍的事物作为研究对象的。因此，各门类的谋略学缺少理论依托。《老子》书中有一些这样的内容，但多是以哲学角度解释世界的。《鬼谷子》和《智囊》中亦有这类内容，但也比较散乱，不成体系。即便如此，也不能掩盖中国谋略的灿烂光辉。在中国文化史上，谋略学论著浩如烟海，谋略学精品俯首可拾，良谋奇策灿若星海。其博、其大、其精、其深，都是世所罕见的。在绵延数千年的历史舞台上，谋略家们各施法宝，争辉斗艳，演出过无数惊险绝奇的篇章。一些惊世之作经久不衰，甚至产生了世界性影响，这是中国谋略学的主流。

第三，受老庄学派及阴阳五行学说影响较大，比较强调辩证法，带有某种神秘色彩。

中国谋略学的风格总的倾向于阴柔，强调以柔克刚。这主要是受

《老子》辩证法的影响。《老子》概括了当时自然现象和社会现象的变化，指出事物都向着它相反的方向变去。《老子·58章》："正复为奇，善复为妖。""祸兮福之所倚，福兮祸之所伏。"看到了事物无不向着某对立面转化这一基本规律——"反道者之动"（《老子·40章》）。从这一原则出发，决定了老子认识世界、对待生活的态度：主张贵柔、守雌，反对刚强和进取。老子的思想对后世谋略家的影响是巨大的、长久的。诸如"姑取先予"，"欲擒先纵"，"以屈求伸"，"以退求进"，"以不战屈人之兵"等谋略思想，都深深地打着《老子》辩证法的烙印。

中国谋略的设计类型主要有：

1. 不战而胜类。主要是儒家的仁政、王道；道家的无为而治；法家的权、势、术；兵家的伐谋、伐交；墨家的尚贤等。

2. 求本舍末类。对己要设法维护全局利益和战略优势，为此不惜牺牲一些局部利益。对敌则相反，要设法动摇其根本，打破其全局性的、战略性的优势。诸如传统谋略中的舍车保帅、釜底抽薪等。《六韬》中的"无借人国柄……无借人利器"，以及"同天下之利者则得天下"等谋略思想，强调的都是求本。

3. 进退变幻类。这一类充分体现中国谋略的贵柔思想。诸如：以屈求伸、欲取姑予、以守为攻、缓兵计、韬晦计等。《孙子·谋攻》："不知军之不可以进，而谓之进，不知军之不可以退，而谓之退，是谓縻军。"

4. 借助外力类。借助敌我双方之外的其他力量来消耗和打击敌方。典型的计谋如：借刀杀人、借尸还魂、借花献佛、远交近攻等。

5. 虚实变幻类。古兵家对虚实非常讲究。《孙子·虚实》："夫兵形象水。水之形避高而趋下，兵之形避实而击虚。"而虚实有真假，故虚实之间亦有万种变化。明修栈道是虚，暗度陈仓是实；声东是虚，击西是实。唱筹量沙、乘虚而入、批亢捣虚、空城计、回马枪等计谋，都深得虚实之妙。

6. 巧握时机类。行动时机是否合适，往往决定行动的成败。因此高明的谋略家都较注重对时机的掌握。在某些情况下，必须先发制敌。在有些情况下，又必须后发制敌。在一些特殊情况下又可以引而不发，坐等其变，择机发而制之。常见计谋如：先声夺人、先斩后奏、先下手为强等。

7. 奇正变幻类。古谋略家，特别是兵家比较重视奇正关系。《唐李问对·卷上》："善用兵者，无不正，无不奇，使敌莫测，故正亦胜，奇亦胜。"所谓正，即行堂堂正正之师，发战书，下战表，先宣而后战。所谓奇者，即出其不意，攻敌无备，不宣而战，突然袭击。在实际运用中多强调奇正无定数，完全视敌我形势和战场态势而定。或奇或正，或正或奇，或奇中有正，或正中有奇。在用兵实践上则多以正为形，以奇为实，以奇取胜的较多。特别是处于劣势的军队，以奇兵胜强敌是较为高明的战法。可以说，奇正变幻是施用谋略的要诀之一。

8. 抽调偷换类。此类多是谋略学中的奇计。运用得巧妙，往往是设而必中。如：调虎离山、抽梁换柱、移花接木、围城打援、掉包计等。

9. 诱惑欺骗类。谋略一般都包含有浓重的诱骗味道。而这一类计谋就更为阴毒诡诈。对敌不可不用，对己不可不防。《六韬·文韬·文师》："故以饵取鱼，鱼可杀；以禄取人，人可祸；以家取国，国可拔；

以国取天下，天下可毕。"此计用于取国平天下达到了登峰造极的地步。传统的计谋如：诱敌深入、引蛇出洞、请君入瓮、上屋抽梯，以及诱以官、禄、德等都在此例。

10. 坐收渔利类。此类谋略主要是利用或制造敌方内部或两敌之间的矛盾，使之扩大、发展、激化，而我则置身于外，静观其变，待两败俱伤后坐收渔人之利。如坐山观虎斗、以毒攻毒、火上浇油、挑拨离间、无中生有、节外生枝等。

11. 用间攻心类。政治、军事、外交斗争的背后，都有间谍战。现代国际间的间谍战亦称为冷战，这是一条不见刀光剑影却又冷酷无情的无形战线。古今中外，用间都是取得政治、军事、外交重大胜利的必不可少的谋略手段。其主要任务一是获取情报；二是破获敌间而逆用；三是进行心战，破坏敌方内部团结，瓦解其民心士气，造成利我不利敌的局面。清人朱逢甲的《间书》，是一部间谍谋略专著。古兵书《孙子》、《六韬》、《三十六计》等，也有许多用间攻心之类的谋略。传统的计谋有将计就计、反间计、以毒攻毒等。

12. 布疑行诈类。自古谓兵为诡道、兵不厌诈、兵不厌权。因此在中国谋略史上，以疑兵之计取胜的战例非常多。所谓风声鹤唳、草木皆兵、诸葛妆神、本牛流马等都在此例。

13. 连环套计类。实现某一重大目标，独用一计难以成功，或同时面临两个以上必须解决的问题，因此设计施用两个以上有机关联的计谋，或施一计同时达到两个以上目的，如三国赤壁之战中庞统的连环计，在吴蜀联盟大破曹兵的战役中起到很大的作用。一箭双雕、二桃杀三士等传统计谋亦属此类。

14. 两手并用类。在政治领域中，法家历来强调赏罚严明，有功必赏，有过必罚。要求君主对臣民恩威并用，软硬兼施。对人民反抗，打得过就征剿，打不过就招安。这是中国历代帝王惯用的统治权术。战国时期大国对弱小国家也惯用又拉又打，打拉交替，最后吃掉的谋略。范雎为秦国提供的远交近攻也含此意。

中国谋略的设计类型很多，也很复杂，绝非以上诸种所能涵括，而且这种分类方法是否科学合理，亦尚待推敲。

附　录　二

一、孙武与《孙子兵法》

孙武，字长卿，后人尊称其为孙子、孙武子。他出生于公元前535年左右的齐国乐安（今山东惠民），具体的生卒年月日不可考。孙武的祖先叫妫满，被周朝天子册封为陈国国君（陈国在今河南东部和安徽一部分，建都宛丘，今河南淮阳）。后来由于陈国内部发生政变，孙武的直系远祖妫完便携家带口，逃到齐国，投奔齐桓公。齐桓公早就了解陈公子妫完年轻有为，任命他为负责管理百工之事的工正。妫完在齐国定居以后，由姓妫改姓田，故他又被称为田完。一百多年后，田氏家族成为齐国国内后起的一大家族，地位越来越显赫，在齐国的领地也越来越扩大。田完的五世孙田书，做了齐国的大夫，很有军事才干，因为领兵伐莒（今山东莒县）有功，齐景公在乐安封给他一块采地（诸侯封赐给所属卿、大夫作为世禄的田邑，又称"采邑"式"食邑"），并赐姓孙氏。因此，田书又被称为孙书。孙书的儿子孙凭，做了齐国的卿，成为齐国君主以下的最高一级官员。孙凭就是孙武的父亲。

由于贵族家庭给孙武提供了优越的学习环境，孙武得以阅读古代军事典籍《军政》，了解黄帝战胜四帝的作战经验以及伊尹、姜太公、管仲的用兵史实，加上当时战乱频繁，兼并激烈，他的祖父、父亲都是善于带兵作战的将领，他从小也耳闻目睹了一些战争，这对少年孙武的军事方面的培养是非常重要的。但孙武生活的齐国，内部矛盾重重，危机四伏。孙武对那种内部斗争极其反感，不愿纠缠其中，萌发了远奔他乡、另谋出路去施展自己才能的念头。当时南方的吴国联晋伐楚，国势强盛，很有新兴气象。孙武认定吴国是他理想的施展才能和实现抱负的地方。

大约在齐景公三十一年（公元前517年）左右，孙武正值18岁的青春年华，他毅然告别齐国，长途跋涉，投奔吴国而来，孙武一生事业就在吴国展开，死后亦葬在吴国。

孙武来到吴国后，便在吴都（今苏州市）郊外结识了从楚国而来的伍子胥。伍子胥原是楚国的名臣，公元前522年因父亲伍奢和兄长伍尚被楚平王杀害而潜逃到吴国。他立志兴兵伐楚，为父兄报仇。孙武结识伍子胥后，十分投机，结为密友。这时吴国的局势也在动荡不安之中，两人便避隐深居，待机而发。

公元前515年，吴国公子光利用吴国伐楚，国内空虚的机会，以专诸为刺客，袭杀吴王僚，然后自立为王，称阖闾。阖闾即位后，就礼贤下士，任用伍子胥等一批贤臣，他又体恤民情，不贪美味，不听淫乐，不好女色，注意发展生产，积蓄粮食，建筑城垣，训练军队，因而大得民心，吴国呈现出一派欣欣向荣的景象。阖闾又注重搜求各种人才，立志要使吴国更加强盛，时而向长江中游发展，灭楚称雄。隐居吴都郊外的孙武由此更加看清自己的前途，他在隐居之地，一边灌园耕种，一边写作兵法，并请伍子胥引荐自己。终于，孙武写好了13篇兵法。这13篇兵法即为《孙子兵法》。

《孙子兵法》是我国最古老、最杰出的一部兵书，历来备受推崇，研习者辈出。《孙子兵法》全书共十三篇。

"始计篇"讲的是庙算，即出兵前在庙堂上比较敌我的各种条件，估算战事胜负的可能性，并制订作战计划。

"作战篇"讲的是庙算后的战争动员及取用于敌，胜敌益强。

"谋攻篇"是以智谋攻城，即不专用武力，而是采用各种手段使守敌投降。

"军形篇"讲的是具有客观、稳定、易见等性质的因素，如战斗力的强弱、战争的物质准备。

"兵势篇"讲的是指主观、易变、带有偶然性的因素，如兵力的配置、士气的勇或怯。

"虚实篇"讲的是如何通过分散集结、包围迂回，造成预定会战地点上的我强敌劣，以多胜少。

"军争篇"讲的是如何"以迂为直""以患为利"，夺取会战的先机之利。

"九变篇"讲的是将军根据不同情况采取不同的战略战术。

"行军篇"讲的是如何在行军中宿营和观察敌情。

"地形篇"讲的是 6 种不同的作战地形及相应的战术要求。

"九地篇"讲的是依"主客"形势和深入敌方的程度等划分的 9 种作战环境及相应的战术要求。

"火攻篇"讲的是以火助攻。

"用间篇"讲的是 5 种间谍的配合使用。书中的语言叙述简洁，内容也很有哲理性，后来的很多将领用兵都受到了该书的影响。

孙武的一生，除了其赫赫战功以外，更主要的是他给后人留下了不少珍贵的论兵、论政的篇章，其中尤以流传下来的《孙子兵法》最著名。这短短的 13 篇几千字，体现了孙武完整的军事思想体系。

美国著名经济学家霍吉兹在《企业管理》一书中指出：《孙子兵法》一书中"揭示的许多原理原则，迄今犹属颠扑不破，仍有其运用价值"。古老的兵法在现代社会中闪耀着迷人的光彩。

二、冯梦龙与《智囊》

冯梦龙出生于明朝万历二年（1574 年），他出生时正是西方文艺复兴时期。字犹龙，又字子犹，号龙子犹、墨憨斋主人、顾曲散人，吴下词奴、姑苏词奴、前周柱史等。

冯梦龙出身名门世家，冯氏兄（冯梦桂）弟（冯梦雄）三人被称为"吴下三冯"。其兄冯梦桂是画家，其弟冯梦雄是太学生，作品均已不传。冯梦龙的作品比较强调感情和行为，最有名的作品为《古今小说》（《喻世明言》）、《警世通言》、《醒世恒言》，合称"三言"。三言与凌濛初的《初刻拍案惊奇》、《二刻拍案惊奇》合称"三言二拍"，是中国白话短篇小说的经典代表。

冯梦龙从小好读书，他的童年和青年时代与封建社会的许多读书人一样，把主要精力放在诵读经史以应科举上。冯梦龙的作品除世人皆知的"三言"外，《智囊》更显其谋略与智慧。

《智囊》全书共收上起先秦、下迄明代的历代智囊故事，是一部中国人民智慧的创造史和实践史。书中所表现的人物，都在运用智慧和谋略创造历史。它既是一部反映古人巧妙运用聪明才智来排忧解难、克敌制胜的处世奇书，也是中国文化史上一部篇幅庞大的智谋锦囊。

《智囊》全书分上智、明智、察智、胆智、术智、捷智、语智、兵智、闺智、杂智十部二十八卷。无论是政治家高瞻远瞩，治国平天下，还是军事家运筹帷幄，出奇制胜，决胜千里，或者是商贾轻取富贵，全身持家，古人的种种智慧韬略，几乎搜罗无遗。

《智囊》中涵盖了班超"不入虎穴，焉得虎子"的盖世胆量，于谦处理复杂事务的游刃有余，王羲之的灵活机智，东方朔的诙谐机智，红拂女的慧眼识人，凡夫俗子的狡黠，于本书都得到了淋漓尽致的展现。这是一部令人不忍释卷之作，一部借鉴古人、智处万事之作，一部追根溯源、关照现实之作，读之如同进入宝山，智慧宝石俯拾即是。携此智慧锦囊，我们可以学习他们的谋略、胆量、识见、言辞，向成功迈进。

三、孟子与《孟子》

孟子（约公元前 372～公元前 289），战国时期伟大的思想家，儒家的主要代表之一。名轲，邹（今山东邹城市）人。相传孟子是鲁国贵族孟孙氏的后裔，幼年丧父，家庭贫困，曾受业于子思的学生。学成以后，以"土"的身份游说诸侯，企图推行自己的政治主张，到过梁（魏）国、齐国、宋国、滕国、鲁国。当时几个大国都致力于富国强兵，争取通过暴力的手段实现统一。孟子的仁政学说被认为是"迂远而阔于事情"，没有得到实行的机会。最后退居讲学，和他的学生一起，"序《诗》、《书》，述仲尼之意，作《孟子》七篇"。

《孟子》七篇包括：《梁惠王》上下；《公孙丑》上下；《滕文公》上下；《离娄》上下；《万章》上下；《告子》上下；《尽心》上下。其学说出发点为性善论，提出"仁政""王道"，主张德治。

南宋时朱熹将《孟子》与《论语》《大学》《中庸》合在一起称"四书"。从此直到清末，"四书"一直是科举必考内容。孟子的文章说理畅达，气势充沛并长于论辩。

在孟子生活的时代，百家争鸣，"杨朱、墨翟之言盈天下"。孟子站在儒家立场加以激烈抨击。孟子继承和发展了孔子的思想，提出一套完整的思想体系，对后世产生了极大的影响，被尊奉为仅次于孔子的"亚圣"。

四、《三十六计》

《三十六计》或称"三十六策"，是指中国古代三十六个兵法策略，语源于南北朝，成书于明清。它是根据我国古代卓越的军事思想和丰富的斗争经验总结而成的兵书，是中华民族悠久文化遗产之一。

"三十六计"一语，先于著书之年，语源可考自南朝宋将檀道济（？～公元436年），据《南齐书·王敬则传》："檀公三十六策，走为上计，汝父子唯应走耳。"意为败局已定，无可挽回，唯有退却，方是上策。此语被后人沿用，宋代惠洪《冷斋夜话》："三十六计，走为上计。"到明末清初，引用此语的人更多。于是有心人采集群书，编撰成《三十六计》。但此书为何时何人所撰已难确考。

《三十六计》原书按计名排列，共分六套，即胜战计、敌战计、攻战计、混战计、并战计、败战计。

前三套是处于优势所用之计，后三套是处于劣势所用之计。每套各包含六计，总共三十六计。其中每计名称后的解说，均系依据《易经》中的阴阳变化之理及古代兵家刚柔、奇正、攻防、彼己、虚实、主客等对立关系相互转化的思想推演而成，含有朴素的军事辩证法的因素。解说后的按语，多引证宋代以前的战例和孙武、吴起、尉缭子等兵家的精辟语句。全书还有总说和跋。

细分起来，《三十六计》包括：

胜战计：

第一计：瞒天过海。

第二计：围魏救赵。

第三计：借刀杀人。

第四计：以逸代劳。

第五计：趁火打劫。

第六计：声东击西。

敌战计：

第七计：无中生有。

第八计：暗度陈仓。

第九计：隔岸观火。

第十计：笑里藏刀。

第十一计：李代桃僵。

第十二计：顺手牵羊。

攻战计：

第十三计：打草惊蛇。

第十四计：借尸还魂。

第十五计：调虎离山。

第十六计：欲擒故纵。

第十七计：抛砖引玉。

第十八计：擒贼擒王。

混战计：

第十九计：釜底抽薪。

第二十计：混水摸鱼。

第二十一计：金蝉脱壳。

第二十二计：关门捉贼。

第二十三计：远交近攻。

第二十四计：假道伐虢。

并战计：

第二十五计：偷梁换柱。

第二十六计：指桑骂槐。

第二十七计：假痴不癫。

第二十八计：上屋抽梯。

第二十九计：树上开花。

第三十计：反客为主。

败战计：

第三十一计：美人计。

第三十二计：空城计。

第三十三计：反间计。

第三十四计：苦肉计。

第三十五计：连环计。

第三十六计：走为上。

《三十六计》是我国古代兵家计谋的总结和军事谋略学的宝贵遗产，对我国的谋略学有突出贡献。

五、吕不韦与《吕氏春秋》

吕不韦（？～公元前 235 年），战国末期卫国濮阳（今河南省濮阳县城西南）人，是我国历史上著名的思想家。

吕不韦原为大商人，在赵国邯郸经商时，结识了在赵做人质的秦公子异人（后改名子楚），认为得到此人是"奇货可居"，这样就开始了他的政治投机生涯。

吕不韦一方面用金钱帮助异人，为异人安排好生活，另一方面又到秦国游说，为异人争取得到继承王位的资格。当时，秦国在位的是秦孝文王，他的宠妻华阳夫人无子，吕不韦通过华阳夫人的弟弟阳泉君，买通华阳夫人，立异人为太子。秦孝文王死后，异人得立，于公元前249年继位，称秦庄襄王。吕不韦政治投机成功了，异人感恩戴德，任吕不韦为相国（丞相），封为文信侯。庄襄王死后，秦王政年幼继位（公元前246年），仍任吕不韦为相国，称"仲父"。

　　在秦庄襄王时期和秦王政的前几年，吕不韦抱着"欲以并天下"的心愿，为秦的统一事业做出了贡献，但是随着秦王政年龄的增长，即将亲政，吕不韦意识到要发生相权和王权的矛盾，便从多方面做了应付的准备，终于在公元前238年（秦王政9年）秦王政举行加冠礼时，发生了武装叛乱。秦王政在追查这一事件的过程中，发现与吕不韦有牵连，罢免了吕不韦的相国职务，下令将其迁往蜀地。吕不韦看到大势已去，自杀身亡。

　　战国时期，我国的社会经济已发生了很大变化，学术思想得到解放，呈现出"百家争鸣"的局面。儒墨先起，黄老继之，进而有名、法、岳、农各家，各执一端，争论不休。吕不韦生活在战国末期，却有着要求思想统一的倾向。所以吕不韦要门下客人，个个著其所闻，综合百家九流之说，畅论天地万物古今之事，最后汇编成书，名曰《吕氏春秋》。全书有八览、六论、十二纪等三个总题目，共一百六十篇，二十六卷，二十余万字。于公元前239年（秦王政8年）完成。这部书特别注重吸取儒道两家的学说，对法墨两家的观点往往采取批判的态度。

　　《吕氏春秋》是中国古代杂家的代表作，说它是"杂家"，因为它是"诸子之位兼有之",没有形成自己的体系,调和了儒、道、法的思想观点。吕不韦主编《吕氏春秋》的目的,是为秦朝统一天下进行理论论证的。这是在韩非之前进行的一种统一思想的试验,结果失败了。但是,作为《吕氏春秋》的历史任务,并不是结束于先秦,而在于启开两汉。

六、商鞅与《商君书》

商鞅(约公元前 390 年~公元前 338 年),汉族,卫国(今河南安阳市内黄梁庄镇一带)人。战国时期政治家、思想家,著名法家代表人物。卫国国君的后裔,公孙氏,故称为卫鞅,又称公孙鞅,后封于商,后人称之商鞅。应秦孝公求贤令入秦,说服秦孝公变法图强。孝公死后,被贵族诬害,车裂而死。在位执政十年,秦国大治,史称商鞅变法。

商鞅"少好刑名之学",专研以法治国,受李悝、吴起等人的影响很大。后为魏国宰相公叔痤家臣,公叔痤病重时对魏惠王说:"公孙鞅年少有奇才,可任用为相。"又对惠王说:"王既不用公孙鞅,必杀之,勿令出境。"公叔痤死后,魏惠王对公叔痤嘱托不以为然,也就没有照做。公孙鞅听说秦孝公下令国中求贤者,欲收复秦之失地,便携同李悝的《法经》到秦国去。通过秦孝公宠臣景监,商鞅三见秦孝公,提出了帝道、王道、霸道三种君主之策。只有霸道得到秦王的赞许,并成为秦国强盛的根基。

商鞅遗著与其他法家遗著的合编——《商君书》,是我国法家学派的代表作品。

《商君书》主要记载了商鞅的变法理论和具体措施。《开塞》篇提出了社会发展的四个阶段:"上世亲亲而爱私,中世上贤而说仁,下世贵贵而尊官，今世强国事兼并，弱国务力守。"所以，在当今之世，首要的任务是生存，但要生存就必须增强国力，实行"以力服人"的"霸道"，而不能实行儒家主张的"王道"。所以商鞅提出了"不法古，不循今"的主张，即变法要根据现在的具体情况，不能再守旧。

在具体措施上，商鞅主张：

第一，加强君权，建立赏罚严明的法治制度，即"壹赏""壹刑""壹教"。"壹赏"就是赏赐只能给有功的人和积极告发犯罪的人。"壹刑"就是处罚不分等级，不照顾贵族特权，不随意赦免。商鞅总结了一条前人的教训："法之不行，自上犯之。""壹教"就是取消所有违背法令和不利于农战的思想言论。他鄙视诗书礼仪。

第二，奖励军功，提倡耕战，取消贵族的世袭特权。商鞅认为，人都有"好利恶害"的本性，他解释说："民之性，饥而求食，劳而求逸，苦则索乐，辱则求荣。"所以国家就可以利用这种本性，用奖赏的方法激励百姓努力生产，作战时努力杀敌。同时，取消没有军功的贵族特权。

第三，推行法治要重视法治、信用和权势。执法要公平，要讲究信用，即使官员贵族犯罪也要处罚。为了加强君主的权势，必须尊君。

第四，治理国家要用重刑，商鞅称为"以刑去刑"。他认为"行刑重其轻者，轻者不至，则重者无从至矣"。即对轻罪严厉处罚，就可以杜绝犯重罪了。这种重刑思想后来被秦始皇、李斯接受，结果导致了秦的速亡。

《商君书》是中国人最伟大的发明。遗憾的是，这话是对中国帝王们说的；对民众来说，《商君书》却是中国人噩梦的开始。但是其过人的谋略和治国之道却永远写在了历史一页。

七、尉缭与《尉缭子》

中国古代军事家——尉缭，生卒年不详，魏国大梁（今河南开封）人。姓失传，名缭。秦王政十年（公元前237年）入秦游说，被任为国尉，因称尉缭。他为秦王嬴政统一六国立下汗马功劳。相传尉缭懂得面相占卜，在被秦王嬴政赏识之初曾经认定嬴政的面相刚烈，有求于人时可以虚心诚恳，一旦被冒犯时却会变得极之残暴，对敌人也毫不手软。尉缭认为这样的嬴政欠缺照顾天下百姓的仁德之心，多次尝试逃离嬴政为他安排的住处。

关于尉缭的真实生活年代如同其他一些历史名人一样无从查考，只能从历史文献的残篇断语中推断，但是这往往前后矛盾、漏洞百出。

《尉缭子》是中国古代颇有影响的一部著作。对它的作者和成书年代，历来就有各种不同的说法。

第一种意见：《尉缭子》是一部伪书。虽然《汉书·艺文志》著录有"兵形势"——《尉缭》31篇，但今存《尉缭子》不讲"兵形势"，显然不是《汉书·艺文志》所著录的《尉缭》，而是出于后人的伪造。不过，自从1972年山东临沂银雀山汉墓《尉缭子》残简出土后，学者们发现残简有6篇与今存《尉缭子》相合，伪书一说已遭到大多数人否定。

第二种意见：《尉缭子》的作者名叫尉缭，此书的前身即《汉书·艺文志》所著录的"兵形势"——《尉缭》31篇。

第三种意见：与第二种意见大致相同，不同处在于它认为此书的前身是《汉书·艺文志》所著录的"杂家"——《尉缭》29篇。"杂家"兼合儒墨名法之说。"杂家"——《尉缭》属"商君学"，除论述军事外，还应论及政治和经济。它虽谈兵法，却并非兵家。《隋书·经籍志》著录有"杂家"——《尉缭子》5卷。这都和今存《尉缭子》的内容和卷数相同，可见今存《尉缭子》即"杂家"——《尉缭子》。宋人将"杂家"《尉缭子》收入《武经七书》，归入兵家。所以后人多误认《尉缭子》为兵家之书。

《尉缭子》反对迷信鬼神，主张依靠人的智慧，具有朴素的唯物主义的思想。它对政治、经济和军事关系的认识是相当深刻的。在战略、战术上，它主张不打无把握之仗，反对消极防御，主张使用权谋，争取主动，明察敌情，集中兵力，出敌不意，出奇制胜。这些观点即使在今天也仍有值得参考的价值。

《尉缭子》反对军事上相信"天官时日、阴阳向背"的迷信观念，强调政治、经济对军事的决定性作用，其理论水平很高。思想中糅合了儒、法、道各家观点，这也许是被纳入"杂家"的主要原因。后半部《重刑令》以下十二篇，对研究战国时代的军法颇有帮助，所以有人把此书作为兵书来看待研究。

八、慎到与《慎子》

慎到（约公元前390年～公元前315年），即慎子，赵国人，原来学习道家思想，是从道家中分出来的法家代表人物。齐宣王、齐泯王时游学稷下，在稷下讲学多年，有不少学生，在当时享有盛名。在此时，与田骈、接子、环渊等有较多的交往。他们一起被齐王命为大夫，受到尊敬，齐王还特意为他们建起了高楼大厦，修筑了四通八达的道路。

《慎子》一书，司马迁《史记·孟子荀卿列传》中介绍说有"十二论"。徐广注释道："今《慎子》，刘向所定，有四十一篇。"班固《汉书·艺文志》著录为四十二篇，宋代的《崇文总目》记为三十七篇。

现存《慎子》只有七篇，即《威德》《因循》《民杂》《德立》《君人》《知忠》《君臣》。由此可见，《慎子》的佚失情况相当严重，大多已经失传。

慎到在《慎子》一书中表现出来的思想具有明显的道家和法家的特点。一方面，慎到主张因循自然，清静而治，所以他说："天道，因则大，化则细，因也者，因人之情也。人莫不自为也，化而使之为我，则莫可得而用矣。"（《慎子·因循》）意思是说：任其自然，则万物亨通，化而变之，物就不得其用了。自然界是这样，社会也是这样。他在《民杂》中说："民杂处而各有所能，所能者不同，此民之情也。大君者，太上也，兼畜下者也。下之所能不同，而皆上之用也。是以大君，因民之能为资，尽包而畜之，无所去取焉。是故不设一方以求于人，故所求者无不足也。大君不择其下，故足。不择其下，则易为下矣。易为下则莫不容。莫不容故多下。多下之谓太上。"

"因民之能为资，尽包而畜之，无所去取"，这就是说，治理百姓时也要因其所能，不要偏取，有所去取，这样才能富足。

另一方面他又强调法和势。法就是法律、法规，势就是权势。这二者是相辅相成的。势是前提，法是手段。慎到认为："大君任法而弗躬，则事断于法矣。"（《慎子·君人》）他明确地说过："飞龙乘云，腾蛇游雾。云罢雾霁，而龙蛇与寅岂同矣，则失其所乘也。……尧为匹夫不能治三人，而桀为天子能乱天下，吾从此知势位之足恃，而贤智之不足慕也。"这是《韩非子·难势》中转引慎到的话。龙蛇之所以腾空飞天，主要凭借云雾的威势，一旦云雾消失，龙蛇就与地上的蚯蚓一样，无所作为，原因在于失去了它们赖以飞腾的势。同样，没有了权势，聪明贤能如尧这样的君主连三个普通人也治理不了；而有了权势，昏聩平庸如桀这样的人却能使天下大乱。

九、吴起与《吴子》

吴起（公元前 440 年～公元前 381 年），中国战国初期著名的政治改革家，卓越的军事家、统帅、军事改革家。卫国左氏（今山东定陶，一说山东曹县）人。

吴起年轻时耗尽家产，为乡人所讥。他杀死乡人，逃出卫国，来到了鲁国，拜曾子为师，学习儒术，"受业于子夏之论"。吴起母亲病逝，吴起没回去奔丧，曾参不悦，与他断绝了师生关系。后吴起改学兵法，敢于改革、善于用兵。

吴起初时在鲁国任将军，曾为对鲁国国君表示忠诚而杀死齐国籍的妻子。后来鲁国国君始终对吴起有猜疑，吴起唯有辞别鲁国国君而到魏国去。

吴起到了魏国，创立了"武卒制"，屡立战功，在对秦国的一次战争中更因"拔五城"而被魏文侯任命为西河太守，"立为大将，守西河"，以长期对抗秦国和韩国。文侯死后，魏武侯继位，吴起继续受到重用，《吴子》一书便是以记载吴起与武侯的对话著成。魏相国因为私心而陷害吴起，吴起见武侯对自己失去信任，只好又辞官再到楚国去。

初到楚国，吴起为宛郡（今河南南阳）太守，不久转任令尹，辅佐楚悼王实施变法。明法申令，要在强兵。强迫旧贵族到边远地区开荒，裁减冗员，整顿机构。他的变法促进了楚国的富强。楚悼王死后，他被旧贵族杀害，变法失败。

相传为吴起所著的《吴子》，今已佚失，据《汉书·艺文志》记载，《吴子》共有四十八篇。今本《吴子》只剩下六篇，有传为后人所托。

吴起的军事思想主要集中于《吴子》。在《吴子》中，吴起主张把政治和军事结合起来，对内修明重德，对外做好战备，两者必须并重，不可偏废。在政治、军事并重的前提下，吴起更重视政治教化，用道、义、礼、仁治理军队和民众。吴起还从战争起因上将战争分为义兵、强兵、刚兵、暴兵、逆兵等不同性质，主张对战争要采取慎重的态度，反对穷兵黩武。

吴起主张兵不在多，要建立一支平时守礼法，战时有威势，前进时锐不可当，后退时速不可追的军队。建立这样的军队，要选良才，重用勇士和志在杀敌立功的人，为他们加官晋爵，厚待他们的家人，让他们作为军队的骨干。对士卒的使用要因人而异，使其发挥各自的特长。要按照同乡同里编组，同什同伍互相联保，对部众严格管理。采取一人教十人，十人教百人……万人教三军的教战方法，严格训练。

十、黄石公与《黄石公三略》

黄石公（约公元前292年～公元前195年），秦汉时人。据传黄石公是秦末汉初的五大隐士之一，排名第五。《史记·留侯世家》称其避秦世之乱，隐居东海下邳。其时张良因谋刺秦始皇不果，亡匿下邳。于下邳桥上遇到黄石公。黄石公三试张良后，授与《素书》，临别时有言："十三年后，在济北谷城山下，黄石公即我矣。"张良后来以黄石公所授兵书助汉高祖刘邦夺得天下，并于十三年后，在济北谷城山下找到了黄石。后世流传有黄石公《素书》和《黄石公三略》（简称《三略》）。

《黄石公三略》共分上、中、下三略：《上略》多引《军谶》语，主要通过对"设礼常，别奸雄，著成败"的分析，论述以"柔弱胜刚强"为指导、以"收揽人心"为中心、以"任贤擒敌"为宗旨的治国统军的战略思想及其实现的方法。《中略》多引《军势》语，主要通过"差德行，审权变"，论述君主驭将统众的谋略。《下略》主要内容是"陈道德，察安危，明贼贤之咎"。

《黄石公三略》是《武经七书》之一，它兼采众家之长，而又自成体系，是我国古代第一部专门从战略上论兵的兵书，具有丰富的思想内容。

《黄石公三略》重视人民群众在战争中的作用，指出："夫为国之道，恃贤与民。""英雄者，国之干；庶民者，国之本。""夫统军持势者，将也；制胜破敌者，众也。""以弱胜强者，民也。"注重收揽民心，重视民事。"兴师之国，务先隆恩。攻取之国，务先养民。"重视对战略要地的控制，提出"获固守之，获厄塞之，获难屯之。"它提倡将帅要爱护士卒，与士卒同甘共苦，将帅"必与士卒同滋味而共安危，敌乃可加"。"良将之养士，不易于身，故能使三军如一心，则其胜可全。""蓄恩不倦，以一取万。"要求将帅要有优良的品质和广博的知识。做到"能清、能静、能平、能整、能受柬、能听讼、能纳人、能采言，能知国俗，能图山川，能表险难，能制军权"。主张"仁贤之智，圣明之虑，负薪之言，廊庙之语，兴衰之事，将所宣闻"。

在将帅的选拔和使用方面，《黄石公三略》反对任人为亲，主张任人为贤，因人而致用，"贤者所适，其前无敌"。"贤人所归，则其国强；圣人所归，则六合同。""使智，使勇，使贪，使愚。知者乐立其功，勇者好行其志，贪者邀趋其利，愚者不顾其死。因其至情而用之。""无使辩士谈说敌美，为其惑众，无使仁者主财，为其多施而附于下。"

《黄石公三略》在哲学方面，初步揭示了人们的认识是客观现实的反映，对战争的认识不能超越客观条件的许可，"端末未见，人莫能知。天地神明，与物推移。变动无常，因敌转化。不为事先，动而辄随"。初步认识到对立的事物能够相互转化的辩证关系。"柔能制刚，弱能制强。"认识到事物发展到一定程度就向其反面转化。"造作过制，虽成必败。"它从《老子》的反战观点中引出了积极支持正义战争的主张，认为战争是不好的，但是战争不会自行消灭，要用正义的战争消灭非正义的战争。"不得已而用之，是天道也。"在论述士与民、将与众、德与威、仁与法、柔与刚、强与弱等关系时，注意到对立事物的两个方面，在一定程度上避免了片面性。如提出贤士是国家的骨干，民众是根本，将卒并重，德威相济，仁法兼施，刚柔强弱相宜等观点。

在这一思想指导下，在政治上还提出了"道德仁义礼，五者一体"的思想。诚然，《黄石公三略》中也存有一些封建阶级的糟粕，如剥削阶级的权术、消极处世思想等，在今天看来，都是很反动的。但是这并不能掩盖《黄石公三略》的重要作用。

《黄石公三略》问世之后，就受到社会的重视，广为流传。据不完全统计，日本研究《黄石公三略》的有近四十家之多。同时也传到了朝鲜等国。

十一、管仲与《管子》

管仲（？—公元前 645 年），名夷吾，字仲，又称管敬仲。周王同族姬姓之后，生于颍上（颍水之滨）。春秋时杰出的政治家、著名的军事家、军事改革家，以其卓越的谋略辅佐齐桓公成为春秋时第一个霸主。

管仲家贫，自幼刻苦自学，通"诗""书"，懂礼仪，知识丰富，武艺高强。他和挚友鲍叔牙分别做公子纠和公子小白的师傅。

齐襄公十二年（公元前686年），齐国动乱，公孙无知杀死齐襄王，自立为君。一年后，公孙无知又被杀，齐国一时无君。逃亡在外的公子纠和公子小白，都力争尽快赶回国内夺取君位。管仲为使纠当上国君，埋伏中途欲射杀小白，箭射在小白的铜制衣带钩上。小白装死，在鲍叔牙的协助下抢先回国，登上君位。他就是历史上有名的齐桓公。桓公即位，设法杀死了公子纠，也要杀死射了自己一箭的仇敌管仲。鲍叔牙极力劝阻，指出管仲乃天下奇才，要桓公为齐国强盛着想，忘掉旧怨，重用管仲。桓公接受了建议，接管仲回国，不久即拜为相，主持政事。管仲得以施展全部才华。

　　《管子》大约成书于战国（公元前475～公元前221）时代至秦汉时期。刘向编定《管子》时共86篇，今本实存76篇，其余10篇仅存目录。

　　《管子》76篇，分为8类：《经言》9篇，《外言》8篇，《内言》7篇，《短语》17篇，《区言》5篇，《杂篇》10篇，《管子解》4篇，《管子轻重》16篇。书中《韩非子》、贾谊《新书》和《史记》所引《牧民》《山高》《乘马》诸篇，学术界认为是管仲遗说。《立政》《幼宫》《枢言》《大匡》《中匡》《小匡》《水地》等篇，学术界认为是记述管仲言行的著述。《心术》上下、《白心》《内业》等篇另成体系，当是管仲学派、齐法家对管仲思想的发挥和发展，学术界也有人认为是宋钘、尹文的遗著。《水地》中提出水是万物本原的思想，学术界有人认为这是管仲的思想，也有人认为是稷下唯物派的思想。

　　《心术》上下、《白心》《内业》中，提出了精气为万物本原的朴素唯物主义精气说。认为万物、人都产生于精气；精气是一种精细的气。说"凡物之精，此则为生，下生五谷，上为列星"，"精也者，气之精者也"。文中也讲"道",认为道是"虚而无形",不能被感官直接感知,口不能言,目不能见,耳不能听。道与精气的关系,讲得不明确。

管仲学派认为,精气是构成万物的最小颗粒,又是构成无限宇宙的实体,说明了世界的物质性。

《管子》在唯物主义的方向上朴素地解决了物质和精神的关系。它认为,有意识的人,是由精气生成的。他说"凡人之生也,天出其精,地出其形,合此以为人。和乃生,不和不生","气道乃生,生乃思,思乃知,知乃止矣"。这是把物质摆在第一位。

《管子》没有否定鬼神,但它认为鬼神也是由精气生成的。说精气"流于天地之间,谓之鬼神"。把鬼神视为普通一物,否认它是超自然的存在,反映出唯物主义的泛神论思想。

《管子》的精气论在中国唯物主义宇宙观发展史上有重要意义,对中国唯物主义的发展产生过深远影响。后来的唯物主义哲学家如王充、柳宗元等,都受过它的影响。它在诸子百家中占有十分重要的地位,是研究古代政治、经济、法律等各方面思想的珍贵资料。

十二、鬼谷子与《鬼谷子》《本经阴符七术》

王诩,又名王禅、鬼谷子,春秋时人。常入云梦山采药修道。因隐居清溪之鬼谷,故自称鬼谷先生。

鬼谷子是春秋战国时期著名的思想家、谋略家、兵家、教育家,是纵横家的鼻祖,是中国历史上一位极具神秘色彩的人物,被誉为千古奇人,长于修身养性,精于心理揣摩,深明刚柔之势,通晓纵横捭阖之术,独具通天之智。

鬼谷子的主要著作有《鬼谷子》及《本经阴符七术》。《鬼谷子》

侧重于权谋策略及言谈辩论技巧，而《本经阴符七术》则侧重于养精蓄锐之道。《本经阴符七术》前三篇说明如何充实意志，涵养精神；后四篇讨论如何将内在的精神运用于外，如何以内在的心神去处理外在的事物。鬼谷子为纵横家之鼻祖，苏秦与张仪为其最杰出的两个弟子（见《战国策》）。另有孙膑与庞涓亦为其弟子之说（见《孙庞演义》）。

纵横家所崇尚的是权谋策略及言谈辩论之技巧，其指导思想与儒家所推崇之仁义道德大相径庭。因此，历来学者对《鬼谷子》一书推崇者甚少，而讥诋者极多。其实，外交战术之得益与否，关系国家之安危兴衰；而生意谈判与竞争之策略是否得当，则关系到经济上之成败得失。即使在日常生活中，言谈技巧也关系到一人之处世为人的得体与否。当年苏秦凭其三寸不烂之舌，合纵六国，配六国相印，统领六国共同抗秦，显赫一时。而张仪又凭其谋略与游说技巧，将六国合纵土崩瓦解，为秦国立下不朽功劳。

所谓"智用于众人之所不能知，而能用于众人之所不能。"潜谋于无形，常胜于不争不费，此为《鬼谷子》之精髓所在。《孙子兵法》侧重于总体战略，而《鬼谷子》则专于具体技巧，两者可以说是相辅相成。

十三、韩非与《韩非子》

韩非（约公元前280～公元前233年），战国晚期韩国人（今河南新郑，新郑是郑韩故城），韩王室诸公子之一。《史记》记载，韩非精于"刑名法术之学"，与秦相李斯都是荀子的学生。韩非因为口吃而不擅言语，但文章出众，连李斯也自叹不如。他的著作很多，主要收集在《韩非子》一书中。

韩非是战国末期带有唯物主义色彩的哲学家，法家思想的集大成者，但古人认为他是阴谋学家，韩非的著作有一大部分关于阴谋的内容。韩非目睹战国后期的韩国积贫积弱，多次上书韩王，希望改变当时治国不务法制、养非所用、用非所养的情况，但其主张始终得不到采纳。韩非认为这是"廉直不容于邪枉之臣"。便退而著书，写出了《孤愤》《五蠹》《内外储》《说林》《说难》等著作，洋洋十万余言。

　　韩非的书流传到秦国，为秦王政所赏识，秦王以派兵攻打韩国相威胁，迫使韩王让韩非到秦国为其效力。韩非在秦国备受重用，引起了秦朝李斯的妒忌，李斯、姚贾在秦王面前诬陷韩非，终因他是韩国宗室，未得信任，将其投入监狱，最后逼其自杀。

　　韩非虽死，但他的思想却在秦始皇、李斯手上得到了实施。韩非著作吸收了儒、墨、道诸家的一些观点，以法治思想为中心。他总结了前期法家的经验，形成了以法为中心的法、术、势相结合的政治思想体系，被称为法家之集大成者。

　　韩非着重总结了商鞅、申不害和慎到的思想，把商鞅的法、申不害的术和慎到的势融为一体。他推崇商鞅和申不害的学说，同时指出，申、商学说的最大缺点是没有把法与术结合起来，第二大缺点在于"未尽"，"申子未尽于术，商君未尽于法"。（《韩非子·定法》）韩非按照自己的观点，论述了术法的内容以及二者的关系，他认为，国家图治，就要求君主要善用权术，同时臣下必须遵法。同申不害相比，韩非的"术"主要在"术以知奸"方面有了发展。他认为，国君对臣下，不能太信任。在法的方面，韩非特别强调了"以刑止刑"思想，强调"严刑""重罚"。

　　尤可称道的是，韩非第一次明确提出了"法不阿贵"的思想，主张"刑过不避大臣，赏善不遗匹夫"。这是对中国法治思想的重大贡献，对于清除贵族特权、维护法律尊严，产生了积极的影响。

韩非思想中有不少辩证法的因素。看到事物不断地变化着，指出"定理有存亡，有生死，有盛衰"。他在中国哲学史上第一次提出了"矛盾"的概念。他所讲的矛与盾的故事，对人们分析问题、表达思想至今仍有着深刻的启发作用。

韩非的政治思想为中国封建统一事业起了积极的推动作用，他的哲学思想包含了相互的唯物主义和辩证法思想，开拓了人们的思路。韩非不愧为中国历史上的一大思想家。

《韩非子》是韩非主要著作的辑录，共有文章五十五篇，十余万字。里面的文章，风格严峻，干脆犀利，里面保存了丰富的寓言故事，在先秦诸子散文中独树一帜。